Bernhard Zimmermann (Hrsg.) • Griechisch - römische Komödie und Tragödie III

DRAMA

Beiträge zum antiken Drama
und seiner Rezeption

Herausgegeben von
F. De Martino – J. A. López Férez –
G. Mastromarco – B. Seidensticker –
N. W. Slater – A. H. Sommerstein –
R. Stillers – P. Thiercy –
B. Zimmermann

Band 8

Bernhard Zimmermann (Hrsg.)

Griechisch - römische Komödie und Tragödie III

Verlag J.B. Metzler
Stuttgart · Weimar

Die Deutsche Bibliothek – CIP-Einheitsaufnahme

Griechisch - römische Komödie und Tragödie III /
Bernhard Zimmermann (Hrsg.). -
Stuttgart ; Weimar : Metzler, 1999 (Drama ; Bd. 8)
ISBN 978-3-476-45228-3

ISBN 978-3-476-45228-3
ISBN 978-3-476-04320-7 (eBook)
DOI 10.1007/978-3-476-04320-7

M & P Schriftenreihe für Wissenschaft und Forschung

Ursprünglich erschienen bei J.B. Metzlersche Verlagsbuchhandlung
und Carl Ernst Poeschel Verlag GmbH in Stuttgart 1999

Vorwort

Ohne daß dies bei der ursprünglichen Planung der Reihe DRAMA vorgesehen war, hat es sich inzwischen eher zufällig so eingespielt, daß im Wechsel thematisch gebundene mit thematisch offenen Bänden erscheinen können. Als Verlegenheitslösung haben wir uns vor allem aus verlagstechnischen Gründen für den nichtssagenden Titel 'Griechisch-römische Tragödie und Komödie' entscheiden müssen.
Wir hoffen, daß der vorliegende Band wieder einen Querschnitt durch aktuelle Probleme des antiken Theaters und seiner Rezeption geben kann.
Die redaktionelle Bearbeitung des Bandes wurde in inzwischen schon bewährter Weise von Frau Julia Sonntag übernommen. Ihr sei herzlich gedankt.

Freiburg, im Juli 1999

Bernhard Zimmermann

Inhaltsverzeichnis

Prometheus in griechischen Kulturentstehungsmythen*

Robert Bees, Würzburg

"Die Mythologie war gewissermassen die ideelle Geschichte der Griechen. Sie war in den Grundzügen Jedermann bekannt und gestattete dabei doch einem jeden Dichter, sie im Einzelnen frei zu bilden, jene alten bekannten Gestalten zu Trägern seiner Gedanken und Ideen zu machen. Daher die gleichen Gegenstände in verschiedenen Perioden und bei verschiedenen Dichtern sich ganz verschieden poetisch ausprägen, anders bei Homer als bei Pindar und den übrigen Lyrikern, anders wieder bei Aeschylos und den Tragikern überhaupt. Und es sind nicht etwa nur die Abweichungen ursprünglich unterschiedener Traditionen und Localsagen, die wir treffen, sondern der Dichter führt mit Bewusstsein die Ueberlieferung in seiner eigenen Art aus". Mit diesen an Klarheit unübertroffenen Worten hat Wilhelm Vischer in einer 1859 erschienenen Schrift 'Über die Prometheustragödien des Aeschylos'[1] die Wandelbarkeit der griechischen Mythen und die Freiheit bei deren Behandlung beschrieben.

Ein Beispiel par excellence für dieses Phänomen ist zweifellos der Mythos von Prometheus[2]. Ich will mich im folgenden auf einen Aspekt seiner Vielgestaltigkeit konzentrieren, nämlich die Rolle, die Prometheus bei der Entwicklung der Menschen spielte. Dabei ist vorauszuschicken, daß die griechisch-römische Antike sowenig eine kanonische Schöpfungsgeschichte kannte[3] wie eine einheitliche Vorstellung von der

---

*Erweiterte Fassung eines Vortrags, gehalten am 7.2.97 beim interdisziplinären Symposion "Prometheus. Mythos der Kultur" in Chemnitz (wird in dem Tagungsband erscheinen). Prof. G. Peters sei an dieser Stelle herzlich gedankt.

1 1859: 6.

2 Übersicht bei Bapp 1902-1909; Kraus 1957; Trousson 1964; Duchemin 1974; vgl. auch Berner 1983 und Bremer 1991.

3 Vgl. hierzu Schwabl 1962. Prometheus wurde erst spät und in 'subliterarischen Fabeln' zum Schöpfer des Menschen (Burkert 1977: 290). Die früheste explizite

Urzeit hatte, sich hier vielmehr grundverschiedene Anschauungen gegenüberstanden. Die Hauptlinien stellen sich folgendermaßen dar: Erstens die Annahme eines ursprünglich gottähnlichen, paradiesischen Lebens mit einer Verschlechterung der Verhältnisse, zweitens die Annahme eines ursprünglich primitiven, tierhaften Lebens mit einem Aufstieg zur Kultur der Gegenwart und drittens die Vorstellung, daß die Menschen zwar am Anfang wie Tiere lebten, jedoch glücklich waren und ihre weitere Entwicklung im Grunde ein Rückschritt war[4]. Das Feuer des Prometheus wurde von Vertretern aller drei Richtungen als Grund für die Veränderung des Urzustandes beansprucht - in je eigenem Sinn, versteht sich. Eine kontrastierende Zusammenschau ist, soweit ich sehe, noch nicht gegeben worden. Dies soll im folgenden anhand jeweils einer spezifischen Version, nämlich der Prometheusgeschichte in Hesiods Gedichten, der Tragödie Prometheus Desmotes und dem Prometheusbild der Kyniker, versucht werden, wobei unser Augenmerk nicht nur den Unterschieden der Gestaltung gelten soll, sondern auch den zeitlichen und sozialen Bedingungen, in denen die verschiedenen Versionen entstanden[5].

I.

Das erste für unsere Frage relevante Zeugnis ist zugleich die erste überlieferte Version des Prometheusmythos. Sie findet sich in der

---

Bezeugung findet sich im 4. Jahrhundert bei Herakleides Pontikos (fr. 66a,b Wehrli) und Philemon, fr. 93 PCG; vgl. Robert 1914 = 1966: 362 (dort 362ff. Diskussion und weitere Belege; dazu auch Bapp 1902-1909: 3044ff. und Burkert 1977: 267 Anm. 23).

4 Zu den antiken Kulturentstehungslehren vgl. Uxkull-Gyllenband 1924; Lovejoy/Boas 1935; Guthrie 1957; Spoerri 1959; Schoele 1960; Landmann 1962; Lämmli 1962; ders. 1968; Cole 1967; Edelstein 1967; Gatz 1967; Blundell 1986; Kubusch 1986.

5 Ansätze zu einer solchen Fragestellung bei Neschke-Hentschke 1983 und Schneider 1989, deren Darstellungen jedoch daran leiden, daß sie den Prometheus Desmotes als Werk des Aischylos und dessen Zeit interpretieren (zur Datierung in nachaischyleische Zeit vgl. unten, S. 21).

Theogonie des Hesiod, der in die Zeit um 700 v.Chr. gehört[6]. Da Hesiod auch in seinem späteren Gedicht Werke und Tage den Mythos behandelt, können wir bereits hier unterschiedliche Konzeptionen erkennen. Betrachten wir zunächst die Theogonie! Sie beschreibt die Entwicklung der Welt aus dem Chaos, das Werden der Götter und den Aufstieg des Zeus zu einer allumfassenden, gerechten Herrschaft. Zwischen der Überwindung seines Vaters Kronos und der übrigen Titanen steht eine Episode über die Bestrafung der Söhne des Titanen Iapetos und Klymene: Atlas, Menoiteus, Prometheus (V. 507-616)[7]. Atlas wird dazu verdammt, den Himmel zu tragen, Menoiteus wird in die Unterwelt verbannt, Prometheus an eine Säule gefesselt, wobei ein Adler ihm die täglich nachwachsende Leber frißt. Vielleicht ist die Tötung des Adlers durch Herakles (V. 526ff.) ein späterer Zusatz, gewiß auszuschließen ist, daß es, wie zuweilen behauptet[8], eine völlige Befreiung gab. Dem widerspricht nicht nur der Text[9], sondern auch der Sinnzusammenhang: Prometheus ist warnendes Beispiel für die Vergeblichkeit, Zeus zu hintergehen (V. 613). Wie also Atlas nicht das Himmelsgewölbe ablegen darf und die unmittelbar nach der Prometheus-Episode genannten Untäter Briareus, Kottos und Gyges (V. 617ff.) ihre Fesseln, so auch nicht Prometheus[10]. Sein Vergehen bestand nun darin[11]: In Mekone bei einem gemeinsamen Mahl von Göttern und

---

6 Zur Datierung nach den homerischen Gedichten vgl. Krafft 1963.

7 Epimetheus wird V. 511ff. zwar in einer Reihe mit diesen genannt, doch ist im folgenden von einer Strafe keine Rede.

8 Z.B. Schneider 1989: 34f.

9 V. 616 bezeichnet die Strafe des Prometheus mit dem Präsens ἐρύκει; auch ist V. 521 von ἀλυκτοπέδῃσι, unzerreißbaren Fesseln, die Rede. Eine Befreiung schließen aus z.B. Bapp 1902-1909: 3041ff.; v. Wilamowitz-Moellendorff 1914: 130ff.; Schwartz 1915=1956: 45f.; Kraus 1957: 658f.; West 1966: 313; Blumenberg 1979: 334f.; Conacher 1980: 19 Anm. 35. Die dauernde Bestrafung findet sich auch bei Horaz, c. 2.13.37 und 2.18.34ff.

10 Die Deutung von Kerényi 1959: 43 und Marg 1970: 228, Prometheus als Leidender im Osten entspreche Atlas im Westen, bleibt Vermutung, da Hesiod die Säule, an die Prometheus gefesselt ist, nicht lokalisiert. Erst in späteren Versionen wird der Kaukasus (oder Skythien) als Ort der Bestrafung angegeben.

11 Die folgende Deutung verdankt viel Marg 1970: 224ff. Gute Analysen finden sich bei Lendle 1957: 95f.; Blusch 1970: S. 89ff.; Vernant 1974=1981: 43ff.; Neschke-Hentschke 1983: 387ff.

Menschen hat er Zeus mit einer List um den besseren Teil betrogen. Die Knochen umhüllte er mit Fett, das Fleisch jedoch mit dem Magen. Zeus nimmt, obwohl er den Trug durchschaut, den Haufen mit den Knochen. Doch κακὰ δ' ὄσσετο θυμῷ, θνητοῖς ἀνθρώποισι, τὰ καὶ τελέεσθαι ἔμελλεν (V. 551f.). Hier tritt ein Zug ältesten Glaubens hervor, der "Zorn des Gottes", den wir aus Homer kennen, und der noch für Aischylos (in dem berühmten Niobe-Fragment 154a R) von Bedeutung ist[12]. Wenn Zeus sogleich die Menschen bestrafen will, obwohl Prometheus ja ein Gott ist und von einer Anstiftung durch die Menschen oder gemeinsamen Sache keine Rede war, so ist hier angedeutet, was dem Mythos eigentümlich werden sollte: die Verbindung des Prometheus mit den Menschen[13]. Bei Hesiod ist diese Verknüpfung noch unausgesprochen, nur durch den Verlauf der Ereignisse zu fassen. Anders wird das im Prometheusdrama.

Die auf die Menschen kommende Strafe ist nun dies: οὐκ ἐδίδου μελίῃσι πυρὸς μένος ἀκαμάτοιο (V. 563) - 'er (Zeus) gab den Eschen nicht die Kraft unermüdlichen Feuers'[14]. Das Holz brannte nicht mehr. Dies ist so zu verstehen, daß Zeus den Menschen das Feuer, das bei ihren gemeinsamen Mahlzeiten gebrannt hatte, vorenthielt. Sie sollten sich an der besseren Hälfte nicht erfreuen[15]. Doch ein zweites Mal täuscht Prometheus den Zeus (V. 565): er stiehlt das Feuer in einem Narthexrohr und gibt es den Menschen. Vorausgesetzt ist, daß Zeus den Menschen das Feuer nicht mehr nehmen kann. Doch sofort für das Feuer erschuf er ein Unheil den

---

[12] Vgl. Kraus 1957: 661 und Marg 1970: 233.

[13] Dazu Kerényi 1959: 50 und Marg 1970: 230.

[14] Übersetzung Hesiods nach v. Scheffer 1938 bzw. Marg 1970. Das Imperfekt bezeichnet einen längeren Zustand; vgl. West 1966: 323 (zu V. 563) und Marg 1970: 233. Daß μελίῃσι die (aus Eschen entstandenen) Menschen bedeute (so die Scholien und z.B. Meyer 1924=1966: 504 Anm. 46), hat West 1966: a.l. widerlegt; vgl. bereits Schwartz 1915=1956: 46f. Dieser Deutung widerspricht auch Erga 143-145, wo das eherne Geschlecht ἐκ μελιᾶν entstanden ist. μελίη allein steht also nicht für 'Mensch', und es sind ja auch nicht die Menschen des ersten Geschlechts aus Eschen (wie in der Theog. der Fall wäre), sondern des dritten.

[15] Die Menschen sollten daran gehindert werden, das Fleisch zu kochen. Diese bereits antike Interpretation (Hygin, de astr. 2.15, Mythograph. Vat. 2.64) auch bei Diller 1962=1966: 258 Anm. 28 und West 1966: 323 (zu V. 562).

Menschen (V. 570 αὐτίκα ἀντὶ πυρὸς τεῦξεν κακὸν ἀνθρώποισιν). Er läßt eine Frau erschaffen, mit allen Reizen ausstatten und schickt sie zur Erde, wo Epimetheus sie zum Unglück der Männer (denn noch gibt es ja keine Frauen auf der Erde) aufnimmt. Zeus bleibt der Sieger, er hat den Menschen ein zweites Mal das ihnen nicht Zustehende vergällt. Es ist nicht Zufall, daß die Frau als 'jäh hereinbrechende List, unabwendbar den Männern' bezeichnet wird (V. 589)[16]. Prometheus' Versuch, mit dem Feuerraub zu helfen, hat nicht genützt, sondern geschadet. Wieder hat seine List den Menschen Unheil gebracht. Hesiod hat diese Zwangsläufigkeit mit einer Reihe von Verwendungen des Wortes δόλος und ähnlichen Ausdrücken unterstrichen (V. 521, 537, 540, 546, 547, 550, 551, 555, 560, 562, 565), denen im zweiten Teil der Erzählung das Wort κακός und ähnliche Ausdrücke gegenüberstehen (570, 585, [591], 592, 593, 595, 600, [602, 609, 612])[17]. Am Ende resümiert er mit der Gnome: Ὣς οὐκ ἔστι Διὸς κλέψαι νόον οὐδὲ παρελθεῖν (V. 613)[18]. Der Gott ist eben 'allwissend' (ἄφθιτα μήδεα εἰδώς V. 545, 550, 561), während Prometheus nur 'vielwissend' (πολύιδρις V. 616) ist[19], ein trickreicher Betrüger, der nicht anders als scheitern kann[20].

Neben der Bedeutung, die sie für das Gesamtwerk hat, als einer Etappe beim Siegeszug des Zeus (Aretalogie)[21], verfolgt die Prometheusgeschichte, die Hesiod sehr wahrscheinlich aus unabhängigen

---

16 Kerényi 1959: 50 nennt die Menschen treffend "betrogene Betrüger". Zum Motiv von List und Gegenlist vgl. Neschke-Hentschke 1983: 389f.

17 Vgl. Blusch 1970: 98f.

18 Vernant 1974=1981: 46 verweist auf die Verwendung des Wortes κλέπτειν: Prometheus kann das Feuer stehlen, aber er kann nicht den Sinn des Zeus 'stehlen'.

19 In bewußter Komposition stehen 'die listige Kunst' des Prometheus (V. 540, 547, 555, 560) und die Formel ἄφθιτα μήδεα εἰδώς in stetem Wechsel jeweils am Versende, wobei die Reihe mit der List beginnt und der Wissenheit endet (zur Allwissenheit des Zeus vgl. Erga, V. 267). Die Unterbrechung V. 559, wo von der Allklugheit des Prometheus die Rede ist, muß ironisch verstanden werden.

20 Man hat Prometheus zu Recht als "trickster" bezeichnet: Bianchi 1959-1961; Burkert 1977: 267 (mit Hinweis auf orientalische Parallelen).

21 Zu diesem Aspekt vgl. Reinhardt 1957=1960: 192; Neschke-Hentschke 1983: 389f.; Schneider 1989: 34.

Erzählungen zusammengefügt hat[22], mehrere selbständige Ziele. Sie gibt drei Aitiologien für Zustände der Gegenwart: die Praxis des Opfers, bei der die Menschen das Fleisch erhalten, die Götter dagegen die Knochen[23], den Besitz des Feuers und die Erschaffung der Frau. Aber sie erklärt auch, warum die Menschen nicht mehr mit den Göttern leben[24]: weil Prometheus versucht hat, Zeus zu überlisten. Die Erzählung seiner Vergehen beginnt programmatisch mit dem Satz: Καὶ γὰρ ὅτ' ἐκρίνοντο θεοὶ θνητοί τ' ἄνθρωποι (V. 535). Prometheus ist es, der die Trennung von Göttern und Menschen bewirkt, das Ende der Theoxenie markiert[25] - aber es ist Hesiods eigenste Fügung, die ihm diese Rolle gegeben hat.

Daß es seine eigene Geschichte ist, erkennt man auch darin, daß er sie ein weiteres Mal erzählt, jedoch mit verändertem Standpunkt und verschiedener Intention, in den Werken und Tagen (V. 42-105)[26]. Dieses Gedicht stellt sich dar als Ermahnung zur Gerechtigkeit und Arbeit, an den Bruder Perses gerichtet, der Hesiod um den besseren Teil des Erbes

---

22 Diese Auffassung bei Bapp 1902-1909: 3054ff.; West 1966: 305ff.; Marg 1970: 225f. Nicht überzeugen kann dagegen die Vermutung, Trug, Feuerraub und Sendung der Frau habe Hesiod in einer Burleske bereits vorgefunden, so Wehrli 1956=1966; Heitsch 1963=1966; Lämmli 1968: 24ff.

23 Insofern ist es nicht richtig, das Geschehen in Mekone als 'Opfertrug' zu bezeichnen (vgl. Lämmli 1968: 24 mit Anm. 91). Das Opfer ist erst die Folge jenes Vorgangs, der "den gemeinsamen Tisch zu dem nur den Göttern gehörenden Altar machte" (Mirgeler 1958: 29). Wenn Hesiod in den Erga (V. 135ff.) von Opferhandlungen erst im zweiten (silbernen) Zeitalter spricht, so kennzeichnen diese gerade den Abstieg von der Goldenen Zeit (vgl. Gatz 1967: 40f.). Daß die Vorgänge in Mekone indes einem Ur-Opfer entsprechen, insofern Gegenwärtiges zurückprojiziert ist, hat Kerényi 1959: 48ff. gezeigt.

24 Daß einst die Menschen mit den Göttern verkehrten, ist eine verbreitete Vorstellung (vgl. [Hes.], fr. 1.6f. M-W, Paus. 8.2.4, Babrius, prol. 13, Sen., Phaedr. 526f.), die weiterlebt in Berichten über glückselige Völker, die diesen Zustand bewahrt haben: z.B. die Phaiaken (Hom., Od. 5.35, 7.199ff.), die Bewohner der Insel Syrie (Hom., Od. 15.403ff.), die Hyperboreer (Pindar, Pyth. 10.30ff.); vgl. hierzu Graf 1885: 3ff.; Weber 1887: 119f.; Krafft 1963: 112f.; Gatz 1967: 36ff. 189ff.; Vidal-Naquet 1970=1981: 91ff. Auf Parallelen in anderen Kulturbereichen verweist Gatz 1967: 37.

25 Vgl. hierzu Kerényi 1959: 48ff.; Mirgeler 1958: 29f.; Gatz 1967: 38.

26 Vgl. hierzu Schwartz 1915=1956: 42ff.; Lendle 1957: 95ff.; Heitsch 1963=1966; Blusch 1970: 85ff.; Marg 1970: 226. 343ff.; Schneider 1989: 33ff.

betrügen will[27]. Es soll ihm gezeigt werden, daß die Hälfte besser ist als das Ganze, wie es in V. 40 heißt. Wir erinnern uns an den Trug beim Mahl in Mekone. Wieder dient Prometheus als mythisches Beispiel. Doch nicht so sehr für die Unmöglichkeit, Zeus zu betrügen[28], sondern als Erklärung dafür, daß die Menschen arbeiten müssen: Κρύψαντες γὰρ ἔχουσι θεοὶ βίον ἀνθρώποισι (V. 42) – 'denn verborgen halten die Götter den Menschen das Leben'. Gemeint ist damit, daß die Menschen ihren Lebensunterhalt nur unter Mühen beschaffen können: 'Leicht ja werktest du sonst an einem Tage so vieles / daß du Genüge hättest ein Jahr auch ohne zu werken. / Schleunig hängtest du dann das Steuer hinauf in den Rauchfang / und es ruhte der Stiere und fleißigen Maultiere Arbeit. Aber Zeus verbarg die Nahrung grollenden Herzens, / weil ihn einst getäuscht der hinterlistige Prometheus; / deshalb bestimmte sein Sinn den Menschen Trübsal und Elend' (V. 43-49). Damit beginnt die Prometheusgeschichte in den Erga, und damit ist der Rahmen einer Aitiologie der Arbeit vorgegeben[29]. Hesiod setzt den Trug in Mekone als bekannt voraus, er sagt nur (V. 48), Prometheus habe Zeus getäuscht, er greift auf seine in der Theogonie gegebene Erzählung zurück. Vielleicht sollte der Vorteil, den die Menschen durch die größere Portion erhalten haben, verwischt werden[30]. Jedenfalls ist die Bestrafung des Prometheus, die dort so breiten Raum einnahm und die Erzählung überhaupt veranlaßte, hier nur angedeutet. Um es drastisch auszudrücken: Wie Prometheus in der Theogonie zu ewiger Strafe verdammt ist, so sollten in den Erga die Menschen zu ewigem Leiden verdammt sein. Es wird der Eindruck erweckt, als ob die Menschen allein büßten, denn deren Leid durch die Schickung der Pandora, die das Faß mit den Übeln öffnet und diese ausschwirren läßt (ein Zug, der in der Theogonie fehlt), nimmt mehr als

---

27 Zum realen Hintergrund vgl. Diller 1962=1966: 246f.; West 1978: 33ff.; Schmidt 1986: 19ff.

28 Obwohl auch in den Erga V. 105 entsprechend Theog. V. 613 die Prometheusgeschichte mit einer derartigen Gnome endet, aber das ist wohl nur eine Reminiszenz.

29 Vgl. z.B. Diller 1962=1966: 259.

30 So Schneider 1989: 35.

zwei Drittel der Erzählung ein (V. 59-105)[31]. War in der Theogonie die Prometheusgeschichte auf den Streit Prometheus-Zeus konzentriert und zumindest äußerlich als Episode angelegt, so steht sie in den Erga am Anfang und geht der Blick zu den Menschen, ihrem Abstieg von einem Leben, in dem sie alles ohne Arbeit hatten, zu einem Dasein voll Sorgen um das tägliche Überleben. Wird in den Erga die Zeit vor Prometheus ausdrücklich als glückselig beschrieben (V. 90-92), so ist in der Theogonie der Gegensatz zwischen Urzeit und Gegenwart nur zu erahnen. Der Blickwinkel hat sich von der göttlichen zur menschlichen Ebene verlagert, sinnfällig dadurch, daß Hesiod in den Erga nicht mehr auf die Antithese "List" – "Unheil" abzielt, sondern mit den Schlüsselwörtern κρύπτειν (V. 42, 47, 50) und σκεδαννύναι (V. 95), ἀλᾶσθαι (V. 100) bzw. φοιτᾶν (V. 103) die Erschwerung des Lebens durch das Verbergen seiner Grundlagen und das Hinzutreten leidvoller Erscheinungen betont[32]. Kein Zweifel besteht darin, daß es Hesiods eigenste Idee war, mit Prometheus' Feuerraub die Armseligkeit des menschlichen Daseins zu erklären[33].

In dem sich anschließenden sog. Weltaltermythos (V. 109-201), der als scheinbar unabhängige Erklärung für die Notwendigkeit der Arbeit eingeführt wird (V. 106 'wenn du willst, werde ich dir eine andere Geschichte in den Grundzügen erzählen'), in Wirklichkeit aber eng verknüpft mit der Prometheus-Pandora-Geschichte ist, zeigt sich noch deutlicher, wie tief der Fall der Menschen war. Von einem goldenen Geschlecht der Urzeit verläuft die Entwicklung bis zum eisernen der Gegenwart, das sich als völlige Perversion des Urzustandes darstellt, versinnbildlicht in seinem möglichen Ende, wenn die Kinder mit grauen

---

[31] Völlig fehl geht die Deutung von Blumenberg 1979: 338f., der meint, die Entsendung des Weibes sei "im Vergleich zum gesicherten Besitz des Feuers und zur Erleichterung der kultischen Opferlasten eine Geringfügigkeit, ein Ärgernis, nicht eine Bedrohung". Genausowenig trifft es zu, daß Prometheus den Menschen "zum Erwerb der endgültigen Existenzmöglichkeit" verholfen habe. Vielmehr beklagt doch gerade Hesiod deren Verlust.

[32] Vgl. Blusch 1970: 99ff.

[33] So Lendle 1957: 94.

Schläfen zur Welt kommen (V. 180f.), während ursprünglich die Menschen gar kein Altern kannten (V. 113f.)[34]. Auf die von der Forschung konstatierten Inkonsistenzen im Aufbau des Mythos braucht hier nicht eingegangen zu werden, für unsere Frage genügt, daß sich Anfangs- und Endpunkt diametral gegenüberstehen, die Deszendenz von einer glücklichen Urzeit zu einer unglücklichen Gegenwart jedenfalls nicht zu bestreiten ist[35]. Auch an dem einleitenden V. 108 (ὡς ὁμόθεν γεγάασι θεοὶ θνητοί τ' ἄνθρωποι) hat die philologische Kritik Anstoß genommen, doch ist an der Echtheit nicht zu zweifeln, sofern man ὁμόθεν nicht als 'gemeinsamen Ursprung' versteht (denn davon ist im folgenden in der Tat nicht die Rede, vielmehr erschaffen die Götter die Menschen), sondern im Sinne von 'gleichen (Lebens)bedingungen'[36]. Perses soll sich einprägen, daß Menschen und Götter einst zusammen lebten, daß sie aber nicht mehr zusammen sind, daß sich also das Leben der Menschen verschlechtert hat. Das hat er bereits im Prometheusmythos gelernt, und das soll ihm auch der Weltaltermythos zeigen[37]. V. 108 ist also die Verbindung zwischen den

---

[34] Gatz 1967: 40; zur Deutung von V. 180f. vgl. auch Meyer 1924=1966: 510f. und Marg 1970: 349, der den Gegensatz zu der überlangen Kindheit im Silbernen Zeitalter (V. 130f.) hervorhebt.

[35] Gatz 1970: 33 geht davon aus, daß Hesiod eine ursprüngliche "Antithese von paradiesischem Einst und entartetem Jetzt" mit dem Metallmythos verbunden hat. Schwierigkeiten macht das (vierte) Geschlecht der Heroen (V. 156ff.), das die absteigende Linie zu durchbrechen scheint, sowie die Frage nach dem Prinzip, an dem der Abstieg gemessen wird; vgl hierzu z.B. Meyer 1924=1966; v. Fritz 1947=1966; Rosenmeyer 1957=1966: 623ff.; Mirgeler 1958; Vernant 1966=1990; Gatz 1967: bsd. 28ff.; Fontenrose 1974; Matthiessen 1979: 25-32. Einiges für sich hat der Ansatz von Mirgeler 1958: 30ff. (vgl. Verdenius 1962: 128ff.), nach dem die Abwärtsentwicklung der Menschen durch eine zunehmende Gottferne bestimmt ist. Einwände bei Schneider 1989: 41 Anm. 108, der allerdings selbst nicht überzeugen kann, wenn er eine Deszendenz gänzlich leugnet.

[36] Athetiert ist der Vers z.B. in der Ausgabe von Solmsen ^{3}1990. Argumente für die Echtheit bei Meyer 1924=1966: 489ff.; Mirgeler 1958: 30; Krafft 1963: 113f.; Verdenius 1962: 128ff.; ders. 1985: a.l.; West 1978: a.l. und 49; Marg 1970: 346f.; Vidal-Naquet 1970=1981: 81 Anm. 6. Die hier gegebene Interpretation auch bei Krafft und West.

[37] Vgl. Diller 1962=1966: 260. Wichtig ist die Beobachtung, daß in V. 108 die Worte θεοὶ θνητοί τ' ἄνθρωποι am Versende stehen wie in V. 535 der

beiden Mythen, die Hesiod nebeneinandergestellt und in bewußter kompositorischer Absicht aufeinander abgestimmt hat (daß das seine Leistung ist und nicht in irgendeiner Überlieferung stand, braucht nicht betont zu werden): Das Goldene Zeitalter entspricht demnach der Zeit vor der Öffnung des Fasses durch Pandora, das Eiserne Zeitalter der Zeit danach[38]. Vor Pandora lebten die Menschen ohne Unheil, Sorgen und Krankheiten (V. 90ff.), so die Beschreibung des Goldenen Zeitalters (V. 112ff.), wobei V. 91 (νόσφιν ἄτερ τε κακῶν καὶ ἄτερ χαλεποῖο πόνοιο) und V. 113 (νόσφιν ἄτερ τε πόνου καὶ ὀιζύος) genaue sprachliche Übereinstimmung zeigen. Den bei der Faßöffnung ausströmenden tausendfachen Plagen und Krankheiten (V. 100ff.) entsprechen dagegen Mühsal und Leid des gegenwärtigen Eisernen Zeitalters (V. 176ff.), wobei in beiden Fällen betont wird, das die Menschen bei Tag und bei Nacht gequält werden. Hesiod folgt mit dem Goldenen Zeitalter (V. 112-119) der Vorstellung von einem ursprünglichen Paradies: es gibt kein Leid, keine Sorgen, kein Altern, die Menschen sterben wie vom Schlaf überwältigt, die Erde bringt von selbst alles hervor (V. 118 αὐτομάτη πολλόν τε καὶ ἄφθονον)[39] – in der Zeit nach Prometheus werden die Krankheiten von selber kommen (V. 103 αὐτόματοι φοιτῶσι κακὰ θνητοῖσι φέρουσαι), die Arbeit macht Spaß (V. 118f.). Wenn in V. 112ff. gesagt ist ὥστε θεοὶ δ' ἔζωον (sie lebten wie Götter) und ihr Leben als frei von Mühen und beschwerlichem Alter bezeichnet wird, so deckt sich dies mit der Vorstellung, die man von den Göttern selbst hatte, so Pindar, fr. 143 Maehler: κεῖνοι γάρ τ' ἄνοσοι καὶ ἀγήραοι / πόνων τ' ἄπειροι.

Theogonie, wo die Trennung von Menschen und Göttern in Mekone eingeleitet wird.

38 Die Parallelität, allerdings eingeschränkt auf die Zeit vor Pandora und die Goldene Zeit, bemerken Meyer 1924=1966: 491; Gatz 1967: 36; Blusch 1970: 103f.; Kubusch 1986: 13; Schneider 1989: 37. Die Bedenken von Matthiessen 1979: 32 Anm. 16 gegen "eine zeitliche Koordination" sind nicht schlagkräftig.

39 Dieser Zug wurde für die Beschreibung des Goldenen Zeitalters topisch (vgl. z.B. Platon, Polit. 271e, 272a; Babrius, prol. 12; Ovid., met. 1.103, 15.96ff.); weitere Stellen bei Graf 1885: 59ff. und Gatz 1967: 229, Reg. B.I1.

Durch die Übereinstimmung von Prometheus-Pandora-Mythos und Weltaltermythos ergibt sich wie bei der Erzählung vom Trug in Mekone: Prometheus hat den Menschen das paradiesische, gottgleiche Leben genommen. Sein Feuer brauchten die Menschen nicht, sie hatten ja alles. Wir verstehen nun, warum Hesiod, Erga V. 45f. sagt: das Steuerruder könntest du weghängen, die Rinder und Esel ausspannen. Weder Schiffahrt noch Ackerbau wären nötig, wenn Prometheus nicht mit seinem Tun die Götter erzürnt hätte. Nur insofern die Technik dem Menschen hilft, in seiner schwierig gewordenen Lage zu überleben, wird diese anerkannt. Im Grunde befindet sich freilich "der Mensch, der autonom technisch handelt, ... im Gegensatz zu den Göttern"[40], ja man kann sogar sagen, die Notwendigkeit der Technik ist dem Menschen als Teil seiner Strafe für den Feuerraub auferlegt[41]. Die Prophezeiung des Zeus V. 56, daß das geraubte Feuer 'dir (Prometheus) und den kommenden Menschen ein großes Leid sein wird', hat sich erfüllt.

Ein Vergleich der Goldenen Zeit mit dem Paradies des Alten Testaments trifft das Richtige[42]: Im Paradies lebten die Menschen im volkommenen Glück, sie hatten Umgang mit Gott, die Erde bot ihnen alles, ihre Bebauung machte Freude (Gen. 2.15). Nach dem Sündenfall jedoch wird die Erde karg, der Ackerbau mühevoll und zur auferlegten Strafe (3.17), es bilden sich aufgrund des Mangels die Techniken: So wird Kain der erste Ackerbauer (4.2), von den Nachkommen Kains entwickelt Iabel das nomadische Hirtenleben, Iubal das Zither- und Harfenspiel (also die Musik), Thubalkain das Schmiedehandwerk. Die Technik ist Zeichen des Abstiegs, zwangsläufige Folge der Vertreibung aus dem Paradies. Dieselbe Haltung kennzeichnet Hesiod.

---

40 Schneider 1989: 51. Gut ist der Hinweis darauf, daß Hesiod den Begriff *Techne* in die Nähe von List und Betrug rückt (39).

41 V. Fritz 1947=1966: 402f. Richtig auch Müller, in Günther/Müller 1988: 21, der den Feuerraub "als Ausbrechen aus einer gottgewollten Ordnung, als strafwürdige Tat" bezeichnet.

42 Vgl. die Bemerkungen bei Meyer 1924=1966: 488. 491 und v. Fritz 1947=1966: 403.

Blicken wir hier zurück, so läßt sich folgendes festhalten: Hesiod verwendet den Prometheusmythos mit verschiedener Intention in seinen beiden Werken und daher notwendigen Unterschieden, die grundsätzliche Haltung zur Entwicklung der Menschen ist jedoch dieselbe: Das Feuer des Prometheus ist schuld am leidvollen Dasein der Gegenwart. Sein Besitz markiert das Ende der paradiesischen Urzeit, in der die Menschen ein gottgleiches Leben führten, in göttlicher Gemeinschaft Anteil am Feuer hatten, während sie durch Prometheus zwar allein über das Feuer verfügen, doch dafür mit der Erschwerung des Lebens, mit harter Arbeit und großem Leid, bestraft werden. Das Feuer symbolisiert die Grenze zwischen glücklicher Urzeit und unglücklicher Gegenwart[43]. Hesiod benutzt den Mythos nicht primär, um die Vergangenheit zu schildern, sondern es geht ihm vielmehr um die eigene Zeit, sie als Folge vergangener Ereignisse darzustellen[44]. Der Mythos oder sagen wir besser: die von Hesiod teils veränderten, teils erfundenen Erzählungen sollen erklären, warum die Menschen jetzt in armseligen Verhältnissen leben. Wie wir den Werken und Tagen entnehmen können, stammte Hesiod aus einer kleinbäuerlichen Welt, einer Gesellschaft, die ums tägliche Überleben zu kämpfen hatte. Und diese Gesellschaft suchte sich eine glückliche Vergangenheit, die frei war von Ängsten und Sorgen um die bloße Existenz[45]. Es sind nun aber auch die eigenen Erfahrungen, die sich in Hesiods Mythen widerspiegeln, seine Feindseligkeit gegen die Kultur[46], sein Pessimismus, der bis zum Wunsch reicht, in der eigenen Zeit nicht

[43] Zu diesem Aspekt vgl. Diller 1962=1966: 263; Schneider 1989: 40.

[44] Zum Gegenwartsbezug vgl. Rosenmeyer 1957=1966: 620; Blusch 1970: 126ff.

[45] Vgl. Kerschensteiner 1975: 27: "Traum von einer besseren, glücklicheren Vorzeit"; Dodds 1972=1977: 10 spricht vom 'Verlorenen Paradies'. Landmann 1962: 7f. verweist auf parallele Erscheinungen in fast allen Völkern: "Die pessimistische Anthropologie schafft sich auch eine ihr entsprechende Geschichtsphilosophie" (7).

[46] Meyer 1924=1966: 487. Bezeichnend ist die Haltung zur Schiffahrt, die Erga V. 45 zu den auferlegten Strafen gehört und deren Gefahren V. 618ff. in düsteren Farben gemalt werden: Hesiod bekennt, daß er noch nie aufs weite Meer hinausgefahren sei (V. 650) und ihm die Schiffahrt auch nicht lieb sei (V. 683). Dazu paßt, wenn er der rechtlichen Gemeinschaft (s. nächste Anmerkung) die Notwendigkeit der Schiffahrt abspricht (V. 236f.).

geboren zu sein (Erga V. 174f.)[47]. Man hat nicht ohne Grund geschlossen, daß die Erschaffung des Weibes als Folge des Feuerraubs Hesiods Abneigung gegen das weibliche Geschlecht entspringt[48]. Was Hesiod vorgefunden hat, was seine eigene Handschrift trägt, muß vielfach spekulativ bleiben, doch daß letzteres Element nicht unbeträchtlich ist, steht außer Frage.

II.

Die nächsterhaltene Version des Prometheusmythos führt uns ins 5. Jahrhundert. In der Tragödie Prometheus Desmotes hat er die berühmteste und (zumindest in der Neuzeit) wirkungsträchtigste Behandlung erfahren[49].

Das Drama beginnt mit der Anschmiedung des Prometheus an einen Felsen und endet mit dessen Versenkung. Spannung erhält es durch den sich steigernden Konflikt zwischen Zeus und Prometheus, der in Monologen des Prometheus und Dialogen mit dem Chor und den Besuchern Okeanos, Io und Hermes ausgetragen wird. Prometheus hatte einst dem Zeus zur Macht verholfen, indem er ihm bei der Besiegung der Titanen als Ratgeber zur Seite stand, doch als Zeus die Menschen vernichten wollte, für sie Partei ergriffen, ihnen das Feuer gegeben und sich dadurch mit ihm entzweit. Zeus läßt Prometheus nun zur Strafe an den Felsen schmieden. Doch Prometheus hat ihn in der Hand: Er kennt als einziger das Orakel, nach dem Zeus aus der Ehe mit Thetis ein Sohn erwachsen werde, der stärker ist als er selbst. Zeus gelingt es in dem Stück

47 Daß für Hesiod indes nicht alle Hoffnung verloren ist, er nicht resigniert, zeigt sich an V. 225ff., wo die Vorstellung zugrundeliegt, daß die Menschen durch rechtliches Verhalten die Goldene Zeit wieder 'zurückgewinnen' können (vgl. Erler 1987: 14f.), signifikant dadurch, daß die rechtliche Gemeinschaft Züge der Goldenen Zeit trägt (vgl. V. 230ff., 237). Auch kann natürlich durch Arbeit der Lebensunterhalt beschafft werden, sonst wäre die Paränese an Perses sinnlos. Zur Ambivalenz vgl. Meyer 1924=1966: 485f.

48 Schwartz 1915=1956: 57ff.; Lendle 1957: 89ff.

49 Zum Folgenden vgl. Bees 1993; zu den hier behandelten Fragen bsd. 75ff. und 148ff.

nicht, ihm das Geheimnis zu entreißen. Denn Prometheus bleibt bei seiner Forderung 'erst Befreiung, dann Nennung des Geheimnisses', auf die Zeus nicht einzugehen bereit ist. Seine Antwort ist bloße Gewalt, manifestiert in der Versenkung des Felsens, an den Prometheus geschmiedet ist. Freilich ist Zeus dadurch nicht gerettet, seine Herrschaft bleibt bedroht. Der eigentliche - moralische - Sieger in dem Machtkampf ist Prometheus. Wie die Befreiung in einem folgenden Stück vonstatten gegangen wäre, etwa durch eine Versöhnung, ist vielerörtert[50]. Doch wird dabei fast stets außer Acht gelassen, daß die Verbindung des Desmotes mit den fragmentarisch überlieferten Dramen Lyomenos und Pyrphoros zu einer Trilogie aus der Antike nicht bezeugt ist, sondern auf einer Hypothese beruht und daß der Name 'Promethie', der allenthalben für die so konstruierte Trilogie verwendet wird, für eine solche ebenfalls nicht bezeugt ist[51]. Der Wunsch, Zeus in einem besseren Licht als im Desmotes erscheinen zu lassen, ist eben oftmals stärker als die Verpflichtung, das Überlieferte so zu nehmen, wie es vorliegt. Daß in der erhaltenen Prometheustragödie der Mythos eine wesentlich andere Gestalt hat als bei Hesiod, hat die kurze Inhaltsangabe bereits gezeigt. Die Unterschiede sind fundamental und sollen im folgenden genauer betrachtet werden[52].

Geändert ist zunächst die Genealogie: um Prometheus in den alleinigen Besitz des Orakels zu bringen, ihm ein Machtmittel gegenüber

---

50 Vertreter dieser Ansicht und Gegenargumente bei Bees 1993: 225ff. Jüngst hat Latacz 1993: 147ff. wieder die gesamte Interpretation des Stückes auf die vermeintliche Fortsetzung angelegt, in der es zu einer Versöhnung zwischen dem Prinzip der Macht (Zeus) und des Geistes (Prometheus) komme. Bedenklich ist der Gedankengang, wenn als Begründung für die Fortsetzung angegeben wird, daß im Prometheus Desmotes keine Problemlösung stattfinde, ein Stück des Aischylos so nicht enden könne (153f.), und dann im zweiten Schritt in der konstruierten Folge besondere Merkmale für ein Werk des Aischylos erkannt werden, wodurch die Echtheit "wahrscheinlicher" werde (158). Zur Echtheitsfrage unten S. 21.

51 Die Vorstellung von einer 'Promethie', die sich in sehr vielen Arbeiten zum Prometheus Desmotes findet, wurde maßgeblich gefördert durch Welcker 1824; vgl. hierzu Griffith 1977: 245ff. und Bees 1993: 254ff.

52 Vgl. hierzu v. Wilamowitz-Moellendorff 1914: 130ff.; Schmid 1929: 77ff.; Reinhardt 1949: 29ff.; ders. 1957=1960; Solmsen 1949: 124ff.; Pohlenz ^{2}1954: 67ff.; Großmann 1970: 12ff., 85ff.; Conacher 1980: 3ff.

Zeus in die Hand zu geben, ist seine Mutter nicht mehr Klymene (Hes., Theog. V. 508), sondern Themis (V.18, 209, 874), die bei Hesiod Gattin des Zeus ist (Theog. V. 901)[53], in anderer Tradition den Zeus bereitwillig vor der verderblichen Ehe mit Thetis gewarnt hatte[54]. Um Prometheus vom Titanensohn (Theog. V. 510) zum Titanen zu machen, bekommt er als Mutter auch Gaia - die wiederum mit Themis identifiziert wird (V. 209f.), die in der Theogonie Hesiods jedoch Gaias Tochter ist (V. 135)[55]. Wenn hier Themis mit Prometheus verbunden erscheint, so wird damit von vornherein impliziert, daß Prometheus ein Recht für seine Taten hatte. Hesiod stellte sein Handeln als Betrug dar. Als Titan verhilft Prometheus dem Zeus zum Sieg über seine eigenen Brüder, Zeus soll damit als undankbar gegenüber Prometheus erscheinen, wenn er ihn später auf so furchtbare Weise bestraft (V. 221ff.). Wenn Prometheus ausdrücklich mit Listen, die er von seiner Mutter erfahren hat, dem Zeus hilft (V. 209ff.), so steht auch dies in schroffem Gegensatz zu Hesiod, wo Prometheus selbst es ist, der von Zeus überlistet wird. Und ist seine Strafe bei Hesiod von ewiger Dauer, so wird im Prometheus Desmotes die Befreiung schon vor der Fesselung angedeutet (V. 27) und beherrscht die Frage, wie und wann Prometheus befreit wird, das gesamte Stück (V. 175ff., 522ff., 770ff., 989ff., 1026ff.). Man sieht, wie frei mit dem Mythos umgegangen werden konnte.

Von besonderer Bedeutung ist nun die Einführung eines Plans, nach dem Zeus das gesamte Menschengeschlecht vernichten will, um ein neues zu schaffen (V. 232f. ἀϊστώσας γένος / τὸ πᾶν ἔχρῃζεν ἄλλο φιτῦσαι νέον). Das Motiv ist alt und diente der Erklärung für den Ausbruch des Trojanischen Krieges in der Einleitung der Kyprien (fr. 1 Allen, Scholion

[53] Gattin des Zeus ist sie auch bei Pindar, fr. 30 Maehler, πάρεδρος Διί bei Eust. zu Il. 9.63; zur Verbindung Themis-Zeus vgl. Harrison 1912: 518f.

[54] Bei Pindar, Isthm. 8.27ff. wird Thetis auf den Rat der Themis dem Peleus zur Frau gegeben, dem sie Achill gebiert.

[55] Vgl. Reinhardt 1957=1960: 213. V. Wilamowitz-Moellendorf 1914: 136 sprach angesichts der Identifikation Themis-Gaia zu Recht von "gewaltsamen Gleichsetzungen spekulativer Theologie".

zu Il. 1.5) und den Frauenkatalogen des Hesiod (fr. 204.95ff. M-W)[56]. Engere Berührung ergibt sich mit dem Fragment aus den Katalogen[57], wo für die Vernichtung dieselbe Wendung γένος ἀϊστοῦν gebraucht wird und Zeus' Handeln nicht als Hilfe für die übervölkerte Erde gerechtfertigt wird, sondern als Vorwand bezeichnet, Halbgötter und Menschen zu trennen und damit einen alten Zustand wiederherzustellen (V. 99ff.). Damit ist gesichert, daß das Fragment in den Kontext der Entwicklungsgeschichte gehört. Wir befinden uns in eben jenem Zeitalter (Heroenzeit), das nach Hesiod, Erga 161ff. durch den Thebanischen und Trojanischen Krieg sein Ende fand. Freilich ist der Urzustand nicht die Gemeinschaft von Göttern und Menschen, sondern deren Trennung[58]. Die mit verschiedenen Argumenten vorgebrachte Vermutung, daß der Text nicht von Hesiod stammt, sondern spätere Zudichtung ist, wird damit bestätigt[59]. Wenn der Dichter des Prometheus Desmotes, der, wie wir sehen werden, von derselben ursprünglichen Trennung von Menschen und Göttern ausgeht, hier das Motiv der Vernichtung fand, so deutete er freilich auch dieses für seine Zwecke um: während Zeus seinen Plan in allen früheren Erzählungen durchsetzte – denken wir auch an die Leichtigkeit, mit der er im Weltaltermythos ein Geschlecht durch das andere ersetzt, und auch das vorläufig letzte in Gefahr steht, von ihm vernichtet zu werden (Erga V.

---

56 Dazu Burkert 1984: 95ff.

57 Verweis bei Lefèvre 1967: 234. 251 und Griffith 1983: 130 zu V. 232f.

58 West 1961: 133 (vgl. 1985: 123f.) setzt die in den Katalogen behandelte Zeit mit dem Goldenen Zeitalter des hesiodischen Weltaltermythos gleich, doch ist seiner Begründung, daß die Zeit, wo Heroen und Menschen verkehrten, vor der Trennung in Mekone zu denken sei, nicht zuzustimmen. Im Proöm zu den Katalogen (fr. 1 M-W), auf das sich West beruft, wird gerade hervorgehoben, daß die Menschen sich durch ihre Sterblichkeit von den Göttern unterscheiden (V. 8ff.), während in der Goldenen Zeit Hesiods sie wie die Götter "alterlos" sind (Erga V. 113f.). Auf diese 'düstere Sicht', die Proöm und V. 95ff. verbindet, verweist Stiewe 1963: 23 (vgl. bereits 1962: 297f.). Richtig ist seine Deutung, daß es bei der beabsichtigten Trennung durch den trojanischen Krieg nur darum gehen kann, einen ursprünglichen Zustand wiederherzustellen. Daß der Ausgangspunkt des Proöms "der Gegensatz zwischen Menschen und Göttern" ist, hat Treu 1957: 180 betont.

59 Zweifel an der Echtheit z.B. bei Schwartz 1960: 499f.; West 1961: 136; Stiewe 1963: 20ff.

180ff.)[60] –, so scheitert er hier völlig. Prometheus kann die Vernichtung aufhalten. Durch den Raub des Feuers, so will es der Dichter, wurden die Menschen gerettet (V. 235f.).

Sie selbst erleiden nicht einmal eine Strafe, Prometheus dagegen nimmt diese stellvertretend an. Dieser Zug, der bei Hesiod keine Rolle spielte, wird zum wichtigen Bestandteil der Tragödie, ja zum eigentlichen Movens[61]. Prometheus bekennt in V. 266f. ἑκὼν ἑκὼν ἥμαρτον· οὐκ ἀρνήσομαι. / θνητοῖς ἀρήγων αὐτὸς ηὑρόμην πόνους. Er habe freiwillig gefehlt und büße mit seinem Leid dafür, daß er den Menschen geholfen habe. Die Folgen seines Handelns waren ihm also klar, nur die Härte der Strafe, die im Grunde gar keine Strafe mehr ist, sondern durch die Erpressung des Orakles eine Marter[62], hat ihn überrascht. Die Fesselung an eine Säule, von der Hesiod berichtet (Theog. V. 521f.), ist zu einer grausamen Anschmiedung geworden, signifikant durch den Keil, der Prometheus in die Brust getrieben wird (V. 64f.). Der Adler erscheint nur deshalb nicht, damit Zeus ihn als Druckmittel in der Hand behalten kann. Erinnern wir uns an Hesiods Erga: dort war die Strafe des Prometheus fast völlig verdrängt und die der Menschen in den düstersten Farben gemalt. Alles ist in der Tragödie getan, um die Sympathie auf Prometheus zu lenken. War Zeus bei Hesiod ein gerechter Herrscher, der hart nur gegen Frevler war, so ist er hier gezeichnet als ein Tyrann mit allen negativen Eigenschaften und typischen Attributen der Gewalt. Kratos und Bia, Macht und Zwang, sind seine Helfer – "Hesiod wird in sein

60 Daß Einfluß auch von dieser Seite vorliegt, ist nicht auszuschließen, vielleicht sogar wahrscheinlich, wenn Zeus auch im Prometheus Desmotes (V. 232f.) ausdrücklich nicht nur das alte Geschlecht vernichten will, sondern zugleich ein neues erschaffen.

61 Dies sollte im übrigen auch von großer Nachwirkung sein, insofern Prometheus zum Symbol für die Empörung, das willentliche Leid wurde und seine Anschmiedung mit der Kreuzigung von Jesus Christus verglichen wurde (hierzu Trousson 1964: 59ff. 73ff.; Duchemin 1974: 109ff.; Bremer 1991: 265ff.).

62 Vgl. Reinhardt 1957=1960: 213f.

Gegenteil verkehrt"[63]. Während die beiden Prometheus auf die Bühne schleppen, erklärt Kratos, Prometheus werde bestraft, damit er lerne, die Tyrannis des Zeus zu lieben und von seiner Menschenliebe abzulassen (V. 8ff.). Es gibt nur zwei Möglichkeiten: Zeus oder die Menschen. Dieser scharfe Gegensatz stellt sich nicht als Ergebnis des Feuerraubs dar, wie bei Hesiod, sondern ist vielmehr seine Voraussetzung. Konsequent ist daher der Trug in Mekone, der als Willkürtat des 'krummsinnigen Prometheus' bei Hesiod erschien und erst durch die Reaktion des Zeus den Feuerraub veranlaßte, in der Tragödie völlig ausgeschaltet. Das Überbringen des Feuers sollte als bewußte Tat erscheinen, um den bedrohten Menschen zu Hilfe zu kommen, während er bei Hesiod nur dazu dient, sie in den Genuß des unrechtmäßigen besseren Teils zu bringen, nur Folge und selbst Teil eines Übervorteilungsversuches ist. Es sticht ins Auge, wie frei der Tragiker verfuhr. Aus dem Betrüger und Frevler hat er eine neue Gestalt von symbolischer Größe geschaffen.

Daß die Umwertung auch das Feuer betrifft, wird gleich zu Beginn des Dramas evident. V. 7 nennt Kratos es παντέχνον, Prometheus selbst bezeichnet das Feuer V. 110f. als διδάσκαλος τέχνης πάσης und μέγας πόρος, wenig später (V. 254) antwortet er dem Chor, der bestätigt haben will, daß die Menschen jetzt das Feuer besitzen: ἀφ' οὗ γε πολλὰς ἐκμαθήσονται τέχνας. Das Feuer wird also die Menschen zu einem besseren Dasein führen dank der technischen Fertigkeiten, die es ermöglicht. Und schließlich die Hoffnung! Sie wird den Menschen noch vor dem Feuer geschenkt, um mit Prometheus zu sprechen: τυφλὰς ἐν αὐτοῖς ἐλπίδας κατῴκισα (V. 250). Vorher sahen die Menschen ihren Tod voraus und waren dadurch gelähmt, jetzt haben sie Hoffnung für die Zukunft und gestalten ihr Leben[64]. Wie anders die Vorstellung Hesiods: die

63 Reinhardt 1957=1960: 213. Vgl. Reinhardt 1949: 48: "War Prometheus bei Hesiod warnendes Beispiel, Zeus der Ordner und Erlöser von den Urgewalten, sind die Rollen jetzt nicht fast vertauscht?".

64 Der eigentümliche Zug, daß die Menschen ihren Tod voraussehen, begegnet auch im Proöm der pseudo-hesiodischen Kataloge (fr. 1.9f. M-W), die oben S. 15f. bereits als mögliche Quelle für das Motiv der Vernichtung in Betracht gezogen wurden. Den Kommentatoren scheint diese Stelle entgangen zu sein. Der Hinweis

Menschen starben im Goldenen Zeitalter wie vom Schlaf überwältigt (Erga V. 116), erst durch Prometheus bekamen sie Angst um ihre Existenz. Und bei aller Not bleibt selbst die Hoffnung ihnen noch verborgen (Erga V. 96ff.)[65]. Ist die menschliche Entwicklung bei Hesiod als Verfall gedeutet, so im Prometheus Desmotes als Fortschritt.

In zwei großen Reden erzählt Prometheus, aus welchen Anfängen er die Menschen emporhob: "... Aber hört, welch Leiden einst / die Menschen beugte, Träumer sonst und stumpfen Sinns, / die geistesmächtig und bewußt ich werden ließ; / und nicht zum Vorwurf für die Menschen sag' ich es, / nur um die Wohltat meiner Gabe darzutun./ Denn sonst mit offnen Augen sehend sah'n sie nicht, / es hörte nichts ihr Hören; ähnlich eines Traums / Gestalten mischten und verwirrten fort und fort / sie alles blindlings, wußten nichts vom Ziegelbau / der Häuser, sonnwärts offen, nichts von Zimm'rers Kunst; / erdeingegraben wohnten sie, den wimmelnden / Ameisen gleich, in Höhlenwinkeln sonnenlos" (V. 442ff.)[66]. Ursprünglich war das Leben leidvoll (V. 442), bei Hesiod findet sich dasselbe Wort πῆμα für die Zeit nach dem Feuerraub (Erga 56). Die Menschen lebten anfangs wie Ameisen in Höhlen. Sie waren den Tieren ähnlich. In der Goldenen Zeit Hesiods waren sie den Göttern gleich. Auch der Ausgangspunkt ist ein gänzlich anderer geworden.

---

auf Platon, Gorg. 523d zeigt nur sehr deutlich die andere Haltung des Philosophen. Denn dort arbeitet Prometheus im Auftrag des Zeus, wie im übrigen auch in dem Mythos, der Protagoras in den Mund gelegt ist (Prot. 320cff., göttlicher Auftrag 320d4). Daß das ein gewichtiges Indiz dafür ist, daß Platon sich mit einer eigenen Version gegen den Prometheus Desmotes wendet und nicht einem Werk des Protagoras folgt, der sich bekanntermaßen agnostisch über die Existenz von Göttern äußerte, sei hier nur angemerkt.

65 Die Hoffnung bleibt in dem von Pandora geöffneten Faß zurück, nachdem alle Übel ausgeströmt sind, damit das Leben noch trostloser wird. Diese Deutung mit Griffith 1983: 133 zu V. 250, der betont: "Once again, Hesiod's account is significantly altered". Die Interpretationen dieser vieldiskutierten Stelle weichen allerdings, das ist zuzugeben, sehr stark voneinander ab. So ist nach West 1978: a.l. die Hoffnung als Gut für die Menschen in dem Faß aufbewahrt, während nach Lendle 1957: 109 die Hoffnung als ein Übel sich "noch in seinem Gefängnis" befindet. Weiteres bei Lesky ^{3}1971: 124.

66 Übersetzung Droysen 1939.

Wir treffen im Prometheus Desmotes auf die Lehre vom tierhaften Urzustand des Menschen, die uns aus vielerlei Zeugnissen seit dem 5. Jahrhundert bekannt ist. Über die Frage, von wem sie ausging, herrscht keine Einigung: Xenophanes, Anaxagoras, Archelaos, Demokrit, Protagoras, die Orphiker wurden genannt[67]. Sie ist, was in der Diskussion allerdings nicht ausgesprochen wurde, verbunden mit der nach Echtheit und Datierung des Prometheus Desmotes. Unter der Voraussetzung nämlich, daß das Stück von Aischylos stammt, der 456/5 starb, hätten wir hier den ersten Reflex der neuen Lehre - sofern man das Problem nicht dadurch beseitigt, daß man die Darstellung für unspezifisch, allgemein gehalten, nur als Vorläufer der neuen Theorie erklärt[68]. Das ist sie gewiß nicht, denn wesentliche Merkmale, die der tierhaften Urzeit in den sicher nach 450 datierten Texten beigelegt sind, finden sich auch hier[69]. Unter der Prämisse der Echtheit wird als Quelle zumeist an Xenophanes gedacht, der um 500 v. Chr. schrieb. Bei ihm hat der Fortschrittsgedanke, soweit wir wissen, seine erste Formulierung erfahren in dem bekannten Fragment B18 οὔτοι ἀπ' ἀρχῆς πάντα θεοὶ θνητοῖς ὑπέδειξαν, / ἀλλὰ χρόνῳ ζητοῦντες ἐφευρίσκουσιν ἄμεινον. Doch daß Xenophanes von einer tierhaften Urzeit ausging, ist nicht bezeugt und somit reine Spekulation[70].

---

67 Die Texte sind gesammelt bei Guthrie 1957; ders. 1969: III, 79ff.; O'Brien 1985. Zu verschiedenem Ergebnis führt die Quellenfrage bei Reinhardt 1912; Heinimann 1945: 110ff. 147ff.; Spoerri 1959: 152ff.; Cole 1967; Müller 1968; O'Brien 1985.

68 So etwa O'Brien 1985: 272f., 275 Anm. 48 und Schneider 1989: 96 Anm. 211.

69 So z.B. das urzeitliche Leben in Höhlen (V. 450ff.; vgl. Moschion, fr. 6.4ff. TrGF; Diodor, 5.39.5.; Lukrez, 5.955; Vitruv, 33.14f.). Wichtig ist die Übereinstimmung mit dem 1. Stasimon der Antigone (Unterwerfung der Tiere V. 340ff. als Voraussetzung für den Aufstieg des Menschen V. 353ff.) und besonders der 'Kulturrede' des Theseus in Euripides' Hiketiden (V. 201ff.): vgl. ἐκ πεφυρμένου (V. 201) mit V. 450, die Gabe des Verstandes am Anfang (V. 203) mit V. 444, die Betonung des Schutzes vor dem Winter (V. 207f.) mit V. 454, die Seefahrt (V. 209f.) mit V. 467f., die Mantik am Ende der Reihe (211ff.) mit V. 484ff. Die Reflexion in der Tragödie zeigt die Bekanntheit der neuen Lehre.

70 Vgl. O'Brien 1985. Schäfer 1996: 123ff. bezweifelt sogar, daß Xenophanes überhaupt eine Theorie des technischen Fortschritts entwickelt hat. Skeptisch äußert sich auch Mansfeld 1983: 205f., dessen Alternativübersetzung "... sondern im Lauf der Zeit suchen und finden sie [die Menschen bzw. die Götter] Besseres

Woher sollte Aischylos die neue Lehre also haben? Vor allem jedoch: sie paßt ganz und gar nicht zu seiner in den unbestrittenen Stücken vertretenen Weltanschauung. Das Wirken der Götter, vor allem des Zeus, ist bei ihm allumfassend, es bestimmt das Leben und die Handlungen der Menschen. In einem Fragment (125 M = 44 R) treffen wir auf die archaische Vorstellung, daß die Götter für das Gedeihen der Erde sorgen, während im Prometheus Desmotes ja der Eindruck vorherrscht, das Leben der Menschen sei unabhängig geworden durch die Kultur und schütze sie vor den Göttern. Nun ist die Zuschreibung des Prometheus Desmotes an Aischylos indes nicht mehr zu halten und eine Datierung in die zweite Hälfte des 5. Jahrhunderts, am wahrscheinlichsten in die dreißiger oder zwanziger Jahre, geboten[71].

Die Frage nach dem theoretischen Ansatz, dem die Kulturrede folgt, erscheint nun in anderem Licht. Sie führt zu dem athenischen Naturphilosophen Archelaos, dessen Lebenszeit von ca. 480 bis 410 reicht[72]. Einfluß auf ein Werk des Aischylos ist dadurch ausgeschlossen. In einem Referat seiner Lehre (D-K 60 A4) heißt es, daß alle Lebewesen gemeinsam entstanden sind und zunächst dasselbe Leben hatten (§5 ἀνεφαίνετο τά τε ἄλλα ζῷα πολλὰ καὶ οἱ ἄνθρωποι, ἅπαντα τὴν αὐτὴν δίαιταν ἔχοντα), dann aber die Menschen sich absonderten (§6 καὶ διεκρίθησαν ἄνθρωποι ἀπὸ τῶν ἄλλων), indem sie sich Führer, Gesetze, Technai, Städte und alles andere schufen (καὶ ἡγεμόνας καὶ νόμους καὶ τέχνας καὶ πόλεις καὶ τὰ ἄλλα συνέστησαν). Was wir hier vor uns haben, ist eine anthropozentrische Kulturentstehungslehre, die sich in Gegensatz zu der alten Vorstellung vom Paradies stellt. Trennten sich nach Hesiod (Theog. 536) die Menschen von den Göttern, so trennen

---

hinzu" die Idee des Fortschritts gegenüber der gängigen Interpretation weitgehend abschwächt. Gegen diese wenden sich auch Lesher 1991 und Tulin 1993.

71 Vgl. Schmid 1929; Lefèvre 1967; Griffith 1977; West 1990: 51ff.; Bees 1993; Marzullo 1993.

72 Die Bedeutung des Archelaos als desjenigen, der als erster Kosmogonie und Anthropogonie verband und dabei den Aufstieg des Menschen aus tierhaftem Urzustand lehrte, erkannte Lämmli 1962: 63ff. 81ff. 101ff.; ders. 1968: 29ff.

sich hier die Menschen von den Tieren[73]: Es ist auffällig, daß für den Vorgang der Trennung derselbe Ausdruck κρίνεσθαι bzw. διακρίνεσθαι verwendet wird. Aus primitiven Anfängen stieg demnach der Mensch empor zu seiner Kultur. Ein wesentlicher Faktor ist die Überlegenheit über das Tier, das der Mensch sich dienstbar macht[74]. Dies betont Prometheus in seiner Kulturrede: Die Rinder werden eingespannt, damit sie dem Menschen die Arbeit erleichtern (V. 462ff.). Der Ackerbau, der bei Hesiod als Strafe erschien, wird vom Menschen selbstverständlich akzeptiert und durch seine Kunst vereinfacht. Die Schiffahrt, die Hesiod nicht minder als Strafe ansah und vor deren Gefahren er nicht eindringlich genug warnen konnte (Erga V. 618ff.), wird nun stolzes Beispiel für die Beherrschung der Natur (V. 467f.)[75]. Am Ende einer langen Reihe von Technai steht die Bergwerkskunst (500ff.). Wenn Prometheus sich hier rühmt, dazu aufgefordert zu haben, die den Menschen verborgenen Wohltaten (V. 501 κεκρυμμέν' ἀνθρώποισιν ὠφελήματα) in der Erde zu finden, so ist damit der Protest gegen Hesiods Weltbild symbolisiert: Halten nicht nach Hesiod die Götter das Leben verborgen (Erga V. 42 Κρύψαντες γὰρ ἔχουσι θεοὶ βίον ἀνθρώποισιν)? Und wenn er die zu bergenden Metalle aufzählt: Erz, Eisen, Silber, Gold (V. 502), so entspricht dies jenen in Hesiods Weltaltermythos, doch ist die Reihe nicht mehr absteigend, sondern der

---

Vgl. auch Uxkull-Gyllenband 1924: 10ff. und Dierauer 1977: 28ff., dazu Burkert 1969: 296f.

73 Fehl geht Vidal-Naquet 1975=1989: 236, nach dem bei Hesiod Prometheus "den Bruch ... mit den wilden Tieren herbeiführt".

74 Gerade dadurch definiert auch moderne Theorie die menschliche Kultur: Sie ist "all das, worin sich das menschliche Leben über seine animalischen Bedingungen erhoben hat und worin es sich vom Leben der Tiere unterscheidet" (Freud 1927=1948: 326).

75 Daß die Haltung zur Schiffahrt die einzelnen Entwicklungstheorien charakterisiert, ist bemerkenswert. Ihr Fehlen wird durch Hesiod (vgl. oben Anm. 46) zum Topos der Goldenen Zeit, in der alles an Ort und Stelle im Überfluß vorhanden ist (vgl. Arat, Phainomena 110f.; Ovid, met. 1.94ff.), die positive Bewertung als Mittel zum Gütertausch findet sich dagegen in der fortschrittsgläubigen Theorie (vgl. Euripides, Hik. 209f.), während wiederum Ablehnung die jüngere Zivilisationskritik prägt (vgl. Strabon 7.3.7 p. 301c, wo die Schiffahrt durch den aus der Fremde eingeführten Luxus zum sittlichen Verfall führt; Seneca, ep. 90.24).

Wertigkeit nach aufsteigend. Immer deutlicher wird, daß das Prometheusdrama in bewußter Ablehnung der hesiodischen Vorlage geschrieben wurde. Zu genau entsprechen sich verschiedenste Elemente in Deutung und Umdeutung.

Zuletzt resümiert Prometheus: πᾶσαι τέχναι βροτοῖσιν ἐκ Προμηθέως (V. 506). Es ist also eine ganze Kultur, die auf ihn zurückgeht. Und diese Kultur, so deutet es der Dichter, ist die Folge des Feuerraubs[76]. Die Menschen, jenes dumpf dahinlebende Geschlecht, das sich von Tieren nicht unterschied, sind nicht nur gerettet, sondern sie leben um vieles besser als zuvor. War bei Hesiod die Technik Zeichen des Verfalls, so wird sie hier zum Garanten des sicheren Lebens. Der Vernichtungsplan hat sich gegen Zeus gekehrt. Aus der Sicht der Götter hat Prometheus den Menschen mehr "Ehren" verschafft hat, als ihnen zustand, wie Hephaistos gleich zu Beginn des Dramas beklagt (V. 30). Wer das in dieser Weise konzipiert hat, der wollte zweifellos ausdrücken, daß der Mensch "seine Macht nicht von den Göttern, sondern trotz ihnen besitzt"[77]. Zu Aischylos paßt diese Konzeption nicht, auch nicht in seine Zeit. Es ist ein neues Denken, das den gottgleichen Ursprung leugnet und

---

76 Man hat in dem selbstbewußten Vers 506 einen Anlaß gefunden, die Entwicklung auf rein göttliche Einwirkung zurückzuführen und die Menschen als völlig passiv darzustellen (z.B. Saïd 1985: 131ff., bsd. 151f.). Gewiß zu Unrecht, denn die Rede kann nicht isoliert von den Äußerungen am Beginn des Dramas gesehen werden, in denen ausdrücklich vom Lernen der Menschen die Rede ist (bsd. V. 254; dazu Bees 1993: 148ff.) Im übrigen ist dabei auch übersehen, daß Prometheus selbst den findigen Menschen repräsentiert (dazu ebd. S. 160ff.; treffend Kerschensteiner 1975: 30: "er wird zum Symbol des autonomen Menschen und des Homo faber"). Was den göttlichen Erfinder betrifft, so schließt dies Datierung in die zweite Hälfte des 5. Jh. keineswegs aus, wie wiederum Euripides' Hik. zeigen (vgl. oben Anm. 69): Am Beginn der 'Kulturrede' (V. 201f.) wird der gelobt, der das menschliche Leben ordnete, und das war, wie V. 214f. zeigt, ein Gott. Indiskutabel ist der Beitrag von Den Boer 1976, der den Kulturreden des Prometheus die Idee des Fortschritts abspricht. Den Einwand, daß die Aufzählung der Errungenschaften unvollständig sei und keine Entwicklungsstufen aufweise (so z.B. Kleingünther 1933: 72f.; Kubusch 1986: 15), daher keine (philosophische) Theorie vorauszusetzen sei, hat Müller 1981: 235f. mit Hinweis auf die dichterische Freiheit und das erste Stasimon der sophokleischen Antigone (vgl. oben Anm. 69) erledigt.

77 Kube 1969: 36.

den Glauben an die Götter auf diverse Techniken der Seherkunst reduziert, wie sie besonders ausführlich in der Kulturrede beschrieben sind (V. 484ff.)[78].

Athen hatte nach den Perserkriegen einen ungeahnten Aufschwung erlebt und stand vor dem Ausbruch des Peloponnesischen Krieges 431, auf der Höhe seiner Macht. Die Prometheustragödie reflektiert das Selbstbewußtsein jener Zeit. Es ist der Stolz des Menschen auf seine Leistungen, der aus dem Stück spricht. Die Technik verbessert nicht nur das Leben, sie hat es erst ermöglicht, indem sie den Menschen über seine animalische Natur erhoben hat. Die Gegenwart, nicht die Vergangenheit ist gut, die Zukunft kann durch die Gestaltung des Menschen noch besser werden. Kritik am Fortschrittsglauben war dem Autor fremd. Auf Unterschiede zwischen seinem Prometheus und dem Hesiods ist vielfach hingewiesen worden, gewiß, aber man muß, meine ich, noch weitergehen: Der Prometheus Desmotes entstand in direkter Konfrontation mit Hesiod und war ein Versuch, die bis dahin kanonische Version umzustürzen und durch eine neue, zeitgemäße zu ersetzen[79].

---

78 Keinesfalls teilt der Dichter die "religiosa 'tradizionale'" der homerischen Hymnen oder Pindars (so Di Benedetto 1978: 131).

79 In diese Richtung geht Uxkull-Gyllenband 1924: 3, wenn er betont, daß "die gesamte Konzeption eine völlige Umdrehung des Mythos bedeutet"; vgl. bereits Schwartz 1915=1956: 60: "Aber zum Prometheus des Aeschylos führt weder von dem echten noch von dem überarbeiteten Hesiod ein direkter Weg". Diese Einsichten sind umso bemerkenswerter, als sie die Echtheit des Stückes voraussetzen. Ist doch gerade diese Prämisse es, die manche Interpreten zu dem Ergebnis geführt hat, daß sich das Prometheusdrama nicht wesentlich von der Gestaltung bei Hesiod unterscheide und sein Dichter letztlich auf derselben geistesgeschichtlichen Stufe stehe. In diesem Sinne etwa W. Marg 1970-1971: 361ff. und Saïd 1985: 138ff. Unklar ist die Behandlung des Prometheus Desmotes bei Gatz 1967, der die Kulturrede zu den "dialektischen Auffassungen" zählt (144), jener Haltung, die im Fortschritt einen Niedergang sieht, und an anderer Stelle die Überzeugung vorträgt, das Stück schließe an Hesiod an, insofern "der Akt des Prometheus ein Akt der Hybris" sei, genauso wie in den Persern die Seefahrt "als Akt menschlicher Vermessenheit gedeutet" werde (155). Es ist nicht nötig, das oben zur Schiffahrt Gesagte (S. Anm. 46) zu wiederholen. Völlig berechtigt sind die Einwände von Kubusch 1986: 12ff., dessen Ausführungen zum Prometheus Desmotes keineswegs so schlecht sind, wie die Rezension von Häußler 1997: 220 es darstellt: "Gleich zu Beginn des I. Kapitels wird die Unschärfe zur Verzeichnung". Dem klaren Ergebnis, daß die Tragödie

III.

Dem Stolz auf die Kultur und dem Gefühl, alles erreicht zu haben, folgt der Zweifel. Dem reinen Optimismus folgt das Nachdenken über den Sinn des Fortschritts. Spuren der Zivilisationskritik finden sich bereits im 5. Jahrhundert im ersten Chorlied der sophokleischen Antigone (V. 332ff.)[80]: Der Mensch wird da als unheimlichstes Wesen vorgestellt, das der Götter Höchstes, die Erde, 'abarbeitet' (ἀποτρύεται V. 339), indem er sie Jahr für Jahr mit den Maultieren umpflügt. Die unbeschwerten Vögel und die Fische fängt er in Netzen, die Pferde zwingt er ins Joch. Der Mensch hat Technai über die Maßen (V. 365). All dies läßt Archelaos' Lehre vom Aufstieg aus tierhaften Urzustand, wie sie im Prometheusdrama gefeiert wurde, in zweifelhaftem Licht erscheinen. Das 4. Jahrhundert brachte Griechenland einen politischen Umbruch. Die Orientierungslosigkeit der Menschen führte zur Gründung neuer Philosophenschulen, der Stoa und des Kepos, die, wenngleich unter verschiedenen Vorzeichen, den Weg zum Glück in der Gemeinschaft wiesen.

---

von völlig anderen Voraussetzungen ausgeht als Hesiod (treffend 14: "Die Darstellung des Aischylos entspricht der Hesiods nur darin, daß die Menschheit den Gewinn des Feuers einer Gottheit verdankt"), die Interpretation von Gatz verfehlt ist, hat Häußler nur wenig Scharfes entgegenzusetzen: "gewiß ist der innere Anschluß an Hesiod, die künftige Versöhnung der Beiden betreffend ..., minimal und konnte erst richtig im Prometheus Lyomenos zum Tragen kommen. Doch der äußere Anschluß, den Gatz hier meint, ist bei allen Unterschieden ... schlicht der, daß auch Aischylos dem Mythos verpflichtet bleibt". Zwei altbekannte Argumente, von denen das eine das Stück aischyleischen Maßstäben unterwirft, obwohl die Echtheit ja umstritten ist (als ob der Prometheus nicht als Einzelstück existieren könnte, man betrachte nur die Antigone des Sophokles!), das andere auf einem überholten Verständnis, wonach die Wahl des Themas den Dichter zwingen könnte, so und nicht anders zu schreiben.

80 Wenn die communis opinio recht hat, die das Stück vor 441 setzt, dann wäre dieses Zeugnis sogar älter als die vergleichbare Kulturrede im Prometheus Desmotes. Behandlung im Rahmen der Entwicklungstheorie z.B. bei Landmann 1962: 47ff.; Cantarella 1967=1970: 273ff.; Kerschensteiner 1975: 50f. Gute Interpretation bei Gundert 1976.

Man konnte das Glück freilich auch außerhalb der Gemeinschaft suchen, wie die Kyniker, jene philosophische Bewegung, deren prominentester Vertreter Diogenes von Sinope (ca. 400/390-328/323 v.Chr.) war[81]. Sie, die sich selbst die "Hündischen" nannten, machten die Zivilisationskritik zu ihrem Programm und nahmen sich dabei die Tiere zum Vorbild[82]. So heißt es in Diogenes' Biographie bei Diogenes Laertios (6.22), er sei durch Beobachtung einer Maus zu seiner Lebensweise gelangt. Er habe gesehen, daß die Maus keinen Lagerplatz suchte, nicht die Dunkelheit scheute, nichts ersehnte, was Genuß brachte, so habe er seinen Mantel übereinandergeschlagen und dadurch verdoppelt, um damit das Bett zu ersetzen. Nun sei ihm jeder Platz zum Frühstück, zum Schlafen, zur Unterhaltung gut gewesen[83]. Diogenes' Verhalten ist bezeichnet mit den Worten πόρον ἐξεῦρε τῆς περιστάσεως. Diogenes fand einen Weg, sich den Umständen anzupassen. Für den Prometheus der Tragödie war es

---

81 Zu den Kynikern allgemein Helm 1924; Dudley 1937; Sayre 1948; Hossenfelder 1985: 183ff.; Billerbeck 1991; Gigante 1992; Goulet-Cazé/ Goulet 1993. Zur kynischen Kulturlehre vgl. Edelstein 1967: 58ff.; Lämmli 1968: 34ff.; Dierauer 1977: 180ff.; Blumenberg 1979: 367ff.; Blundell 1986: 213ff.; Müller 1988: 71f.; Schneider 1989: 283ff.

82 Lovejoy/Boas 1935: 118 sprechen von "the first and most vigorous philosophic revolt of the civilized against civilization in nearly all its essentials". Die Ableitung des Namens von κύων geht auf Diogenes selbst zurück, seine "Schamlosigkeit", seine aggressive Haltung gegenüber der Konvention der "Zivilisierten"; vgl. v. Fritz 1926: 47ff.; Dierauer 1977: 181. Daß die Bezeichnung zeitgenössisch ist, zeigt Aristoteles, Rhet. 1411a24, wo Diogenes nur "der Hund" heißt.

83 Ein notorisches Problem ist die Quellenfrage. Von Diogenes selbst sind keine Schriften erhalten, und in den späten Berichten mischt sich Authentisches mit Fiktivem; hierzu v. Fritz 1926. Wie viel bei den Anekdoten dem historischen Diogenes zuzurechnen ist, muß oftmals unsicher bleiben. Doch stimmen die Berichte über seine Haltung zur Kultur und die Vergleichung mit den Tieren im grundsätzlichen überein. So erzählt zwar Plutarch, mor. 77eff. Diogenes' 'Hinwendung zur Philosophie' etwas anders als Diogenes Laertios: Diogenes habe gesehen, daß eine Maus mit seinen Brotresten zufrieden sei, was ihn veranlaßt habe, sich selbst zu tadeln, daß er darüber jammere, nicht auf weichen Decken zu ruhen. Die Geschichte läuft jedoch auf dasselbe hinaus. Wenn sie tatsächlich auf Theophrast zurückgeht (wie Diogenes Laertios 6.22 angibt und v. Fritz 1926: 36ff. zu bestätigen sucht), so hätte sie in dem Nachfolger des Aristoteles und Zeitgenossen des Diogenes einen durchaus glaubwürdigen Gewährsmann.

dagegen ein Triumph, den Menschen Mittel und Wege gezeigt zu haben, die Natur zu verändern: Seine zweite Kulturrede leitet er ein mit den Worten τὰ λοιπά μου κλύουσα θαυμάσῃ πλέον / οἵας τέχνας τε καὶ πόρους ἐμησάμην (V. 476f.). Das Feuer nannte er μέγας πόρος (V. 111), weil es den Weg weist zur Technik, die das armselige, tierhafte Leben verändert. Bei den Kynikern stehen wir einer gänzlich anderen Bewertung der menschlichen Entwicklung gegenüber. Sie bedauern den Verlust des tierhaften Lebens durch die Technik und versuchen dorthin zurückzukehren, indem sie diese ablegen. Die Einfachheit, wie man sie bei den Tieren zu finden glaubt, wird zum Ideal[84].

Eine Zusammenfassung der kynischen Position findet sich bei Dion von Prusa in der 6. Rede, § 21-29[85]:

(Diogenes) sagte, daß die Menschen aufgrund ihrer Verweichlichung unseliger lebten als die Tiere (§ 21 ἔλεγε δὲ διὰ τὴν μαλακίαν τοὺς ἀνθρώπους ἀθλιώτερον ζῆν τῶν θηρίων). Denn diese trinken Wasser, ernähren sich von Gras, sind nackt, haben kein Haus, kein Feuer (§ 22 πυρὶ δὲ οὐδὲν χρώμενα) und leben, wieviel die Natur ihnen an Zeit gibt (§ 22 ὁπόσον ἡ φύσις ἑκάστοις ἔταξε χρόνον). Sie sind gesund und

---

84 Vgl. Vischer 1965: 75ff.; die Einfachheit wird zur kynischen αὐτάρκεια, die Reduktion auf das Notwendigste; hierzu Helm 1924: 10ff.; Rich 1956. Zum Vorbild der Tiere vgl. bsd. Dierauer 1977: 180ff.

85 Noch mehr als bei Diogenes Laertios stellt sich bei dem geistreichen Redner Dion von Prusa die Frage, wie viel von seiner Darstellung authentisch ist. Skepsis ist angebracht, doch scheint sie mir zu weit getrieben bei v. Fritz 1926: 71ff. (bsd. 82f.), der hinter den Reden nicht Diogenes' Ansichten sieht, sondern die des Antisthenes (was von einer unsicheren Voraussetzung ausgeht; vgl. unten Anm. 93), und bei Vischer 1965: 79 Anm. 3, nach dem die vier Diogenesreden Dions (Nr. 6 und 8-10) "nicht als Quelle für Diogenes brauchbar [sind], wohl aber für den Kynismus der dionischen Zeit"; ähnlich Krapinger 1996: 45ff. Nicht überzeugend auch Billerbeck 1996: 315, die in den Reden "kaum mehr als sophistische Pose" sieht. Daß Dion auch Eigenes einbringt und Zeitgenössisches rückverlegt - Dion war selbst eine Zeitlang kynischer Wanderphilosoph (v. Armin 1898: 223ff.; Desideri 1978: 200ff. 537ff.) -, ist übliches Verfahren, doch müßte, um ihn als Quelle auszuschalten, der Nachweis geführt werden, daß er mit anderer Überlieferung kollidiert. Und gerade dies ist nicht der Fall. Vielmehr stimmt seine Skizze zu dem, was wir aus anderen Quellen wissen (z.B. Diogenes Laertios und Plutarch). Danach ist es legitim, Dions Abriß für die Kulturlehre der ältesten Kyniker heranzuziehen; vgl. Schneider 1989: 285.

brauchen keine Arznei. Die Menschen dagegen suchen sich so viele Mittel, um den Tod aufzuschieben (§ 23 τοσαῦτα δὲ μηχανωμένους πρὸς ἀναβολὴν τοῦ θανάτου), erreichen trotzdem zumeist das Alter nicht, denn sie sind voll von Krankheiten. Die Erde bietet ihnen nicht genug Heilmittel, sie brauchen auch noch das Eisen und das Feuer (§ 24 δεῖσθαι δὲ καὶ σιδήρου καὶ πυρός). Ihnen nützen auch die Ärzte, Seher und Priester mit ihren Beschwörungen nichts (§ 24). Die Menschen kommen in Städten zusammen, um sich vor Unrecht zu schützen und treffen dort nur wieder auf neues Unrecht, so, als ob sie nur deshalb zusammengekommen wären (§ 25).

Was im Prometheusdrama als großer Fortschritt gepriesen wurde, nämlich die Medizin (V. 478ff.) und Seherkunst (V. 484ff.), ist hier Zeichen des Verfalls. Krankheiten sind nicht durch das Feuer überwunden, sondern erst dadurch bewirkt, sind Folge der durch das Feuer verursachten Verweichlichung. Und zu all dem erweist sich das Feuer auch nutzlos in der Bekämpfung der Krankheiten: Die Behandlung durch Schneiden und Ausbrennen hilft den Menschen nicht zu überleben. Die Städte, die sie anlegen, führen nicht zur sicheren Gemeinschaft, sondern zum Bürgerkrieg[86]. Der Mensch hat dadurch, daß er seine animalische Natur verleugnet, sein Glück verloren. Was die Lehre vom tierhaften Urzustand als Progression verstand, wird bei den Kynikern zur Deszendenz.

Es ist die im 5. Jahrhundert ausgebildete Antithese νόμος – φύσις, der Gegensatz von "Konvention" und "Natur", d.h. dem, was der Mensch sich schafft, und dem, was die Natur vorgegeben hat[87], die Diogenes mit seiner Lebensphilosophie umwertet. Galt Denkern wie Archelaos das tierhafte Leben als primitiv, durch die kulturellen Leistungen des Menschen überwunden (Führer, Gesetze, Technik, Städte), erschien also

---

86 In einer auf Papyrus (Pap. Genev. 271, ed. Martin 1959) erhaltenen kynischen Diatribe wird ausführlich dargelegt, warum die Tiere weder Verbrechen noch Mord gegen ihre Artgenossen verüben im Gegensatz zu den Menschen (col. 13.15ff; 14.4ff.).

87 Vgl. Heinimann 1945 passim.

die Physis als lediglich vorkultureller Zustand, so versucht Diogenes, das Rad zurückzudrehen. Für ihn war die Urzeit glücklich, und der Mensch kann wieder glücklich werden, wenn er die Zivilisation, den Nomos, ablegt[88]. 'Leben gemäß der Natur' (κατὰ φύσιν ζῆν) ist das Schlagwort, wofür wiederum die Tiere stehen. In einer bei Diodor (9.26.3ff.) dem Skythen Anacharsis in den Mund gelegten Rede – er war von den Kynikern als 'edler Wilder' geschätzt und seine Lebensweise vorbildhaft wie die der Tiere[89] – heißt es: Die gerechtesten Lebewesen sind die Tiere, weil sie als einzige nach der Natur (κατὰ φύσιν) leben, nicht nach Gesetzen (κατὰ νόμους). Die Natur sei das Werk Gottes, das Gesetz aber Satzung des Menschen (τὴν μὲν φύσιν θεοῦ ποίησιν, τὸν δὲ νόμον ἀνθρώπου θέσιν), und es sei gerechter, den Einrichtungen Gottes als denen der Menschen zu folgen. Die Konsequenz ist für Diogenes einfach: 'Alles soll wieder tierhaft und wild sein' (καὶ ὅλως θηριώδη τὰ πάντα καὶ ἄγρια), wie er bei Lukian (Vitarum auctio 10) sagt. Plutarch überliefert in der Schrift De esu carnium, die den Fleischgenuß als widernatürlich darstellt, folgendes (mor. 995C-D): Diogenes habe einen rohen Tintenfisch gegessen, um damit der Behandlung des Fleisches durch Feuer ein Ende zu machen (ἵνα τὴν διὰ τοῦ πυρὸς ἐκβάλῃ κατεργασίαν τῶν κρεῶν). Der Menge, die ihn umringte, habe er zugerufen: "Für euch riskiere ich mein Leben". Und dies, so bemerkt Plutarch, habe er tatsächlich getan, um damit das Leben tierhaft zu machen (ἵνα τὸν βίον ἀποθηριώσῃ)[90]. Das Feuer wird zum Inbegriff der Denaturierung, das Ablegen des Feuergebrauchs führt zur Angleichung an die natürliche Lebensweise der Tiere und damit zum Glück.

---

88 Anknüpfungspunkt könnte die Lehre des Sophisten Antiphon sein (D-K 87 B 44A), der die Physis als 'notwendig' über den Nomos stellt, der nur als 'hinzugesetzt' betrachtet wird (Col. 1. 23ff.); hierzu Heinimann 1945: 133ff. Einfluß auf die Kyniker: Lämmli 1968: 36 und Schneider 1989: 283 Anm. 48.

89 Zum Ideal des edlen, wilden Barbaren (in der Forschung oft unter dem Stichwort 'noble savage' behandelt) vgl. Lovejoy/Boas 1935: 287ff.; zum vorbildlichen Leben der Skythen Vischer 1965: 101ff.

90 Zu dieser in verschiedener Form überlieferten Geschichte v. Fritz 1926: 30 und Haußleiter 1935: 173ff.

Die These, das Feuer und damit die Technik sei notwendig gewesen für das Überleben der Menschen, widerlegt Diogenes § 26ff.: Die Menschen brauchen keine Kleidung, denn auch Tiere ohne Behaarung können überleben, wenn der Mensch die Kälte nicht aushält, so ist das Folge seiner Verweichlichung. Der Beweis: Wie sonst hätten die ersten Menschen überlebt ohne Feuer, Häuser, Kleidung und Nahrung außer der, die von selbst wuchs? (§ 28 ἢ πῶς ἂν ἐσώθησαν οἱ πρῶτοι ἄνθρωποι γενόμενοι μήτε πυρὸς ὄντος μήτε οἰκιῶν μήτε ἐσθῆτος μήτε ἄλλης τροφῆς ἢ τῆς αὐτομάτου;). Die Natur, so sagt Diogenes an anderer Stelle, hat jedem den Körper so gemacht, daß er ihm dienen kann (Dion, or. 10.10), und dafür gibt er selbst den Beweis. Er hat kein Haus (zumindest kein eigenes), schläft in öffentlichen Gebäuden (Dion, or. 6.14; Diog. Laert. 6.22), hat nur einen Mantel (Dion, or. 6.14), läuft barfuß (Dion, or. 6.15) sogar im Schnee (Diog. Laert. 6.34), ißt hauptsächlich Planzliches (Dion, or. 6.62)[91], und, wie wir sahen, er versuchte sogar, auf das Feuer zu verzichten.

Es heißt weiter: Die Findigkeit (εὑρίσκειν) und das Ersinnen (μηχανᾶσθαι) habe den Menschen keineswegs genützt (§ 28). Dadurch, daß die Menschen stets das Angenehme suchen, werde das Leben unangenehmer und beschwerlicher. Während sie meinen, für sich vorzusorgen (προμηθεῖσθαι ist ein Spiel mit dem Namen Prometheus) gehen sie aufgrund der übermäßigen Sorge und Vorsorge (προμήθεια) zugrunde (§ 29).

Dies alles mündet in den Schluß: Und deshalb sei Prometheus zu Recht an den Felsen gefesselt worden und fresse der Adler ihm die Leber (§ 29). In § 25 hieß es, Diogenes sei der Meinung gewesen, Zeus bestrafe den Prometheus deshalb wegen der Entdeckung und Übergabe des Feuers, weil dies der Anfang gewesen sei für Verweichlichung und Überfluß unter den Menschen (διὰ ταῦτα δὲ δοκεῖν αὐτῷ καὶ τὸν μῦθον λέγειν ὡς τὸν Προμηθέα κολάζοι ὁ Ζεὺς διὰ τὴν εὕρεσιν καὶ μετάδοσιν τοῦ πυρός, ὡς ἀρχὴν τοῦτο καὶ ἀφορμὴν τοῖς ἀνθρώποις μαλακίας καὶ

---

[91] Vgl. Haußleiter 1935: 167ff.

τρυφῆς). Zeus habe nämlich die Menschen nicht gehaßt und ihnen nichts Gutes geneidet (οὐ γὰρ δὴ τὸν Δία μισεῖν τοὺς ἀνθρώπους οὐδὲ φθονεῖν αὐτοῖς ἀγαθοῦ τινος). Ich halte es für sicher, daß diese Bemerkung auf den Prometheus Desmotes zielt, wo Zeus, wie nirgends sonst zum Gegner der Menschen wurde. Für einen Bezug spricht auch die Verwendung der Begriffe πόρος, εὑρίσκειν, μηχανᾶσθαι, wo die kulturelle Entwicklung kritisiert wird. Es sind dies nämlich genau die Schlüsselbegriffe, die Prometheus in der Tragödie für die Kulturschöpfung gebraucht[92].

Diogenes hat den Prometheusmythos, wie ihn die Tragödie gibt, korrigiert[93]. Aus dem Wohltäter der Menschen hat er ihren Feind gemacht.

---

92 Hierzu Bees 1993: 162ff.

93 Oder sollten wir sagen: der Kyniker Dion? Daß hier eigene Gestaltung - doch ganz im Sinne des Diogenes - vorliegt, ist nicht auszuschließen. Auch in einem späten kynischen Zeugnis, dem Kommentar des Byzantiners Tzetzes zu Hesiod, Erga V. 42 (fälschlich als Testimonium für Demokrit angesehen, wogegen Spoerri 1957) wird Prometheus verantwortlich gemacht für die Erfindung der Technik und den daraus resultierenden Verlust des einfachen, aber glücklichen Lebens (Poetae minores Graeci, ed. Th. Gaisford 1820: 58ff. = D-K 68 B 5, 3 p. 137f.). Verfehlt ist die Rückführung des Prometheusbildes bei Dion auf einen Dialog des Antisthenes, von dem ein Bruchstück in einer syrischen Übersetzung des Themistios erhalten ist (SSR II V A 96), bei v. Fritz 1926: 78, dem Gatz 1967: 160 und Krapinger 1996: 110 folgen: Bücheler 1872: 450 Anm. 1, auf den sich v. Fritz beruft, hat Abhängigkeit von Antisthenes nicht für diese Stelle vermutet, sondern Dion, or. 8. 33. Dort heißt es in einer Digression über Herakles' Wanderungen, dieser habe Prometheus, der von der öffentlichen Meinung vernichtet wurde, von Ruhmsucht und Ehrgeiz befreit. Diese allegorische Deutung – der Adler repräsentiert die falsche Meinung des Volkes – hat nichts mit der Behandlung des Mythos in 6.21-29 zu tun. Nun scheint aber bereits Büchelers Vermutung zu 8.33 falsch: In Antisthenes' Dialog vertritt Prometheus die richtige Meinung und belehrt Herakles, die Rollen sind also genau umgekehrt wie bei Dion. Vor allem aber vergleicht Prometheus für die irrige Meinung die wilden Tiere und, wie wir gleich im Anschluß von Themistios erfahren, entspricht dies der Ansicht des Antisthenes, der dem Weisen das Tier gegenüberstellt, dem der Kot angenehm ist. Daß dies kynischer Lehre diametral entgegengesetzt ist, braucht nicht betont zu werden: Die Tiere versinnbildlichen die richtige Lebensweise, und Herakles ist geradezu der Schutzheilige der Kyniker (Hoïstad 1948: 33ff.). Das Prometheusbild bei Dion könnte also, wenn auf Antisthenes sich beziehend, dann nur eine radikale Umdeutung sein. Einwände gegen v. Fritz auch bei Hoïstad 1948: 57ff. und Capone Ciollaro 1983: 50. Überdies ist kaum mehr anzunehmen, daß Antisthenes (ca. 450-365 v.Chr.) Gründer der kynischen Bewegung und Lehrer

Es ist kein Zufall, wenn er sich in der Bewertung wieder mit Hesiod trifft: Das Feuer brachte Unheil, denn vorher hatten die Menschen alles Nötige, die Technik ist ein Übel, ein notwendiges oder überflüssiges, Prometheus wurde zu Recht bestraft. Nur der Ausgangspunkt ist ein anderer: Dort der gottgleiche, hier der tierähnliche Urzustand. Und dies wiederum bewirkt auch Kritik an Hesiod. In deutlicher Anspielung auf sein Werk und Korrektur seiner Anschauung betont Diogenes: τὸν τῶν ἀνθρώπων βίον ῥᾴδιον ὑπὸ τῶν θεῶν δεδόσθαι, ἀποκεκρύφθαι δ' αὐτῶν ζητούντων μελίπηκτα καὶ μύρα καὶ τὰ παραπλήσια (Diog. Laert. 6.44) - den Menschen sei das Leben von den Göttern leicht gemacht, dies sei nur in Vergessenheit, wörtlich: in 'Verborgenheit', geraten über der Suche nach Honigkuchen, Salben und dergleichen[94]. In der Urzeit, dies ist wiederum Dion von Prusa zu entnehmen, waren die Menschen dagegen zufrieden mit dem, was von selbst wuchs. Das Wort αὐτόματος, das Dion (6.28; oben zitiert) hierfür benutzt, bezeichnet in der Goldenen Zeit Hesiods das Gedeihen der Erde ohne Ackerbau (Erga V. 118). Man sieht, wie die Vorstellung weiterwirkt, nur eben in anderem Gewand: Der tierhafte Urzustand ist zur 'goldenen' Zeit geworden[95].

Die Position des Diogenes wird dadurch erklärt, daß er Verbannter aus Sinope war, Angehöriger einer sozial deklassierten Gruppe, kein athenischer Bürger[96]. Das mag eine Seite seiner Philosophie erklären: Die bewußte Mißachtung der Konvention, seine Angriffe gegen etablierte

---

des Diogenes war: vgl. Dudley 1937: 1ff.; Sayre 1948: 49; Vischer 1965: 76f.; bsd. Giannantoni 1993; kritisch auch Graeser 1983: 116 Anm. 5. Ein Lehrer-Schüler-Verhältnis scheint schon dadurch ausgeschlossen, daß Diogenes erst nach dem Tod des Antisthenes nach Athen kam (ca. 350). Die Gegenposition bei Döring 1995; ders. 1998: 282f.

94 Zur Abhängigkeit vgl. auch Lämmli 1968: 38.

95 Ähnlich auch Maximos von Tyros (diss. 36). Ein Vorläufer für die Erklärung der primitiven Urzeit als Goldene Zeit ist der Aristoteliker Dikaiarch, der wie Dion das Selbstwachsen der Nahrung und das Fehlen jeglicher Technik hervorhebt (fr. 49. 11ff. Wehrli); hierzu Gatz 1967: 156f., 160; Lämmli 1968: 45f.; Kubusch 1986: 47ff.; Schneider 1989: 126ff.

96 Z.B. Vidal-Naquet 1975=1989: 238f.; Schneider 1989: 288. Verfehlt ist die Interpretation von Müller 1988: 71, der den Kynismus als "Selbstbesinnung der unteren Klassen und Schichten" deutet.

Persönlichkeiten[97]. Aber seine Haltung ist auch Symptom einer allgemeinen Krise des 4. Jahrhunderts[98]. Der Zerfall der alten Staatenwelt und die Suche nach einer neuen Ordnung (die schließlich in der makedonischen Hegemonie endete) ging einher mit der Suche der Menschen nach innerer Ruhe. Wenn die Kyniker das Glück in der Autarkie suchten, so bedeutet dies Ausstieg aus einer Gesellschaft, mit der man sich nicht mehr identifizieren wollte. Der Verzicht auf die Annehmlichkeiten der Zivilisation ist weniger erzwungen, als vielmehr bewußter Verzicht auf das, was man hatte oder haben konnte[99]. Und sollte auch verstanden werden als Kritik am Überfluß der breiten Masse. Aussteigen war eben schon immer Zeichen einer überentwickelten Kultur.

IV.

Den drei Ansichten über die kulturelle Entwicklung der Menschheit stehen drei Prometheusgestalten gegenüber: Betrüger, Retter, Feind der Menschheit. Sie entsprechen dem Wandel, den die Bewertung von Kultur und Technik durchgemacht hat. Der Mythos wurde angepaßt, aktualisiert, um ein Schlagwort zu benützen, das nicht mehr Zeitgemäße beseitigt oder umgedeutet, neue Elemente hinzuerfunden. Was der ursprüngliche Kern war, läßt sich nur vermuten. Viel mehr als der Raub des Feuers und die

---

97 Nach Diogenes Laertios (6.72-73) bezeichnete er die Ehe für wertlos und rechtfertigte er den Verzehr von Menschenfleisch, nach Dion (or. 10.30) auch den Inzest mit Verweis auf die Tiere. Seine Mißachtung der Person illustrieren zahllose Anekdoten (viele bei Diog. Laert. 6.24ff.), wie das bekannte Zusammentreffen mit Alexander dem Großen.

98 Darauf weist Edelstein 1967: 57ff. Daß der Kynismus im 5. Jahrhundert keine Chance gehabt hätte, vermerkt Sayre 1948: 49: "If Cynicism had made its appearance in the time of Themistocles or of Pericles it would have made little progress".

99 Ein Beispiel gibt Krates von Theben (ca. 360-280). Von ihm berichtet Diogenes Laertios (6.87), er habe zu den angesehensten Familien gehört und habe sein Geld, als er sich der kynischen Philosophie zuwandte, an seine Mitbürger verschenkt oder (nach anderer Quelle) ins Meer geworfen. Von Hipparchia, seiner

Strafe durch Zeus wird es nicht gewesen sein. Bereits Hesiod hat den Mythos für seine Weltanschauung passend gemacht, ihn mit anderen unabhängigen Geschichten verbunden, der Dichter des Prometheus Desmotes hat seine Konstruktion verworfen und in peinlich genauer Umdeutung eine neue Version geschaffen, die Kyniker kehrten in ihrer Wertung letztlich zu Hesiod zurück, jedoch auf der Grundlage einer neuen Theorie vom Urzustand, was Kritik an beiden erzwang. Prometheus' Rolle hängt also davon ab, wie die Entwicklungsgeschichte der Menschheit gedeutet wird: als Verfall, Fortschritt oder Verfall im Fortschritt. Der Mythos ist, hierin in einem wesentlichen Punkt der antiken Geschichtsschreibung gleich, die Deutung der Gegenwart durch die Vergangenheit, er spiegelt das wider, was die Menschen bewegte, die ihn schufen – und er zeugt auch von der Auseinandersetzung mit ihren Vorgängern.

Literaturverzeichnis

Armin H. von. 1898. Leben und Werke des Dio von Prusa. Berlin.

Bapp K. 1902-1909. Art. Prometheus. Ausführliches Lexikon der griechischen und römischen Mythologie. III.2: 3032-3110.

Bees R. 1993. Zur Datierung des Prometheus Desmotes. Stuttgart (Beiträge zur Altertumskunde 38).

Berner U. 1983. Das Prometheus-Motiv in antiker und moderner Literatur. Saeculum 34: 334-343.

Bianchi U. 1959-1961. Prometheus, der titanische Trickster. Paideuma 7: 414-437.

Billerbeck M. (Hrsg.). 1991. Der Kyniker in der modernen Forschung. Aufsätze mit Einführung und Bibliographie. Amsterdam.

Billerbeck M. 1996. Rez. Krapinger 1996. Museum Helveticum 53: 315.

späteren Gefährtin, heißt es, ihr seien Reichtum und vornehme Herkunft gleichgültig geworden (Diog. Laert. 6.96).

Blumenberg H. 1979. Arbeit am Mythos. Frankfurt/M.
Blundell S. 1986. The Origins of Civilization in Greek and Roman Thought. London u.a.
Blusch J. 1970. Formen und Inhalt von Hesiods individuellem Denken. Bonn.
Bremer D. 1991. Prometheus-Variationen. Wiener Studien 104: 261-284.
Bücheler F. 1872. Themistios Περὶ ἀρετῆς. Rheinisches Museum 27: 438-462.
Burkert W. 1969. Rez. Cole 1967. Archiv für Geschichte der Philosophie 51: 291-298.
Burkert W. 1977. Griechische Religion der archaischen und klassischen Epoche. Stuttgart u.a.
Burkert W. 1984. Die orientalisierende Epoche in der griechischen Religion und Literatur. Sitzungsberichte der Heidelberger Akad. der Wiss. phil.-hist. Kl.
Cantarella R. 1967. L'incivilmento umano dal 'Prometeo' all' 'Antigone' (= 1970. R.C., Scritti minori sul teatro greco. Brescia: 267-293).
Capone Ciollaro M. 1983. Dione Crisostomo. Sulla virtù (or. 8). Testo, introd., trad. e comm. a cura di M.C.C. Neapel.
Cole Th. 1967. Democritus and the Sources of Greek Anthropology. Ann Arbor (Philological Monographs 25).
Conacher D.J. 1980. Aeschylus' Prometheus Bound. A Literary Commentary. Toronto.
Den Boer W. 1976. Prometheus and Progress, in: Miscellanea Tragica in honorem J.C. Kamerbeek. Amsterdam: 17-27.
Desideri P. 1978. Dione di Prusa. Un intelletuale greco nell' impero romano. Messina/Florenz.
Di Benedetto V. 1978. L'ideologia del potere e la tragedia greca. Ricerche su Eschilo. Turin.
Dierauer U. 1977. Tier und Mensch im Denken der Antike. Studien zur Tierpsychologie, Anthropologie und Ethik. Amsterdam (Studien zur antiken Philosophie 6).

Diller H. 1962. Die dichterische Form von Hesiods Erga (= 1966. E. Heitsch (Hrsg.), Hesiod. Darmstadt (Wege der Forschung 44): 239-274).
Dodds E.R. 1972. The Ancient Concept of Progress (= 1977. E.R.D., Der Fortschrittsgedanke in der Antike. Zürich/München: 7-35).
Döring K. 1995. Diogenes und Antisthenes, in: La tradizione socratica. Neapel: 125-150.
Döring K. 1998. Sokrates, die Sokratiker und die von ihnen begründeten Traditionen, in: H. Flashar (Hrsg.): Die Philosophie der Antike. Bd. 2.1. Sophistik, Sokrates, Sokratik, Mathematik, Medizin. Basel: 139-364.
Droysen J.G. 1939. Aischylos. Die Tragödien und Fragmente, übertragen von J.G.D., durchges. und eingel. von W. Nestle. Stuttgart.
Duchemin J. 1974. Prométhée. Histoire du mythe, de ses origines orientales à ses incarnations modernes. Paris.
Dudley D.R. 1937. A History of Cynicism. London.
Edelstein L. 1967. The Idea of Progress in Classical Antiquity. Baltimore.
Erler M. 1987. Das Recht (ΔΙΚΗ) als Segensbringerin für die Polis. Studi Italiani di Filologia Classica 5: 6-36.
Fontenrose J. 1974. Work, Justice, and Hesiod's Five Ages. Classical Philology 69: 1-16
Freud S. 1927. Die Zukunft einer Illusion (= 1948. S.F., Gesammelte Werke. Bd. 14. London/Frankfurt: 325-380).
Fritz K. von. 1947. Pandora, Prometheus und der Mythos von den Weltaltern (= 1966. E. Heitsch (Hrsg.), Hesiod. Darmstadt (Wege der Forschung 44): 367-410).
Fritz K. von. 1926. Quellenuntersuchungen zu Leben und Philosophie des Diogenes von Sinope. Leipzig (Philologus Suppl. 18.2).
Gatz B. 1967. Weltalter, goldene Zeit und sinnverwandte Vorstellungen. Hildesheim (Spudasmata 16).
Giannantoni G. 1993. Antistene fondatore della scuola cinica?, in: M.O. Goulet-Cazé/R. Goulet (Hrsg.), Le cynisme ancien et ses

prolongements. Actes du colloque international du CNRS (Paris 22-25 juillet 1991). Paris: 15-34

Gigante M. 1992. Cinismo e epicureismo. Neapel.

Goulet-Cazé M.O./Goulet R. (Hrsg.). 1993. Le cynisme ancien et ses prolongements. Actes du colloque international du CNRS (Paris 22-25 juillet 1991). Paris.

Graeser A. 1983. Die Philosophie der Antike 2, in: W. Röd (Hrsg.), Geschichte der Philosophie. Bd. 2. München.

Graf E. 1885. Ad aureae aetatis fabulam symbola. Leipziger Studien 8: 1-84.

Griffith M. 1977. The Authenticity of 'Prometheus Bound'. Cambridge.

Griffith M. 1983. Aeschylus. Prometheus Bound, ed. by M.G. Cambridge.

Großmann G. 1970. Promethie und Orestie. Heidelberg.

Gundert H. 1976. Größe und Gefährdung des Menschen. Ein sophokleisches Chorlied und seine Stellung im Drama (Sophokles, Antigone 332-375). Antike und Abendland 22: 21-39.

Günther R./Müller R. 1988. Das Goldene Zeitalter. Leipzig.

Guthrie W.K.C. 1957. In the Beginning. Some Greek Views on the Origins of Life and the Early State of Man. Ithaca/London.

Guthrie W.K.C. 1969. A History of Greek Philosophy. Vol. III. Cambridge.

Harrison J.E. 1912. Themis. A Study of the Social Origins of Greek Religion. Cambridge.

Haußleiter J. 1935. Der Vegetarismus in der Antike. Berlin.

Häußler R. 1997. Rez. Kubusch 1986. Gnomon 69: 211-225.

Heinimann F. 1945. Nomos und Physis. Basel (Schweizerische Beiträge zur Altertumswissenschaft 1).

Heitsch E. 1963. Das Prometheus-Gedicht bei Hesiod (= 1966. E. Heitsch (Hrsg.), Hesiod. Darmstadt (Wege der Forschung 44): 419-435).

Helm R. 1924. Art Kynismus. RE 12.1: 3-24.

Hoïstad R. 1948. Cynic Hero and Cynic King. Lund.

Hossenfelder M. 1985. Die Philosophie der Antike 3, in: W. Röd (Hrsg.), Geschichte der Philosophie. Bd. 3. München.

Kerényi K. 1959. Prometheus. Die menschliche Existenz in griechischer Deutung. Hamburg.

Kerschensteiner J. 1975. Antike Gedanken zum Kulturfortschritt und seiner Ambivalenz. München (Dialog Schule - Wissenschaft 9): 26-51.

Kleingünther A. 1933. Πρῶτος εὑρετής Leipzig (Philologus Suppl. 26.1).

Krafft F. 1963. Vergleichende Untersuchungen zu Homer und Hesiod. Göttingen (Hypomnemata 6).

Krapinger G. 1996. Dion Chrysostomos. Oratio 6. Text, Übers., Einl. und Komm. Graz (Diss.).

Kraus W. 1957. Art. Prometheus. RE 23.1: 653-702.

Kube J. 1969. Τέχνη und 'Αρετή. Sophistisches und platonisches Tugendwissen. Berlin.

Kubusch K. 1986. Aurea Saecula: Mythos und Geschichte. Untersuchung eines Motivs in der antiken Literatur bis Ovid. Frankfurt u.a. (Studien zur klassischen Philologie 28).

Lämmli F. 1962. Vom Chaos zum Kosmos. Zur Geschichte einer Idee. Basel (Schweizerische Beiträge zur Altertumswissenschaft 10).

Lämmli F. 1968. Homo Faber: Triumph, Schuld, Verhängnis? Basel (Schweizerische Beiträge zur Altertumswissenschaft 11).

Landmann M. 1962. De homine. Der Mensch im Spiegel seines Gedankens. Freiburg/München.

Latacz J. 1993. Einführung in die griechische Tragödie. Göttingen.

Lefèvre E. 1967. Studien zur Athetese des Προμηθεὺς Δεσμώτης. Kiel (ungedr. Habilitationsschrift)

Lendle O. 1957. Die "Pandorasage" bei Hesiod. Würzburg.

Lesher J.H. 1991. Xenophanes on Inquiry and Discovery: An Alternative to the 'Hymn to Progress' Reading of Fr. 18. Ancient Philosophy 11: 229-248

Lesky A. [3]1971. Geschichte der griechischen Literatur. Bern/München.
Lovejoy A.O./Boas G. 1935. Primitivism and Related Ideas in Antiquity, Baltimore.
Mansfeld J. 1983. Die Vorsokratiker I. Stuttgart.
Marg W. 1970. Hesiod. Sämtliche Gedichte. übers. und erl. von W.M. Zürich/Stuttgart.
Marg W. 1970-1971. Mensch und Technik. Der Prometheusmythos bei Hesiod und Aischylos, in: Proceedings of the First International Humanistic Symposium at Delphi (1969). Athen: I, 361-376.
Martin V. 1959. Un recueil de diatribes cyniques. Pap. Genev. inv. 271. Museum Helveticum 16: 77-115.
Marzullo B. 1993. I sofismi di Prometeo. Florenz.
Matthiessen K. 1979. Form und Funktion des Weltaltermythos bei Hesiod, in: Arktouros. Festschrift B.M.W. Knox. Berlin/New York: 25-32.
Meyer Ed. 1924. Hesiods Erga und das Gedicht von den fünf Menschengeschlechtern (= 1966. E. Heitsch (Hrsg.), Hesiod. Darmstadt (Wege der Forschung 44): 471-522).
Mirgeler A. 1958. Die Lehre von den fünf Weltaltern. Düsseldorf.
Müller R. 1968. Antike Theorien über Ursprung und Entwicklung der Kultur. Das Altertum 14: 67-79.
Müller R. 1981. Die "Kulturgeschichte" in Aischylos' "Prometheus", in: E.G. Schmidt (Hrsg.), Aischylos und Pindar. Berlin: 230-237.
Neschke-Hentschke A. 1983. Geschichten und Geschichte. Zum Beispiel Prometheus bei Hesiod und Aischylos. Hermes 111: 385-402.
O'Brien M.J. 1985. Xenophanes, Aeschylus, and the Doctrine of Primeval Brutishness. Classical Quarterly 35: 264-277.
Pohlenz M. [2]1954. Die griechische Tragödie. Göttingen.
Reinhardt K. 1912. Hekataios von Abdera und Demokrit. Hermes 47: 492-513.
Reinardt K. 1949. Aischylos als Regisseur und Theologe. Bern.

Reinhardt K. 1957. Prometheus (= 1960. K.R., Tradition und Geist. Gesammelte Essays zur Dichtung. Göttingen: 191-225).

Rich A.N.M. 1956. The Cynic Conception of αὐτάρκεια. Mnemosyne 9: 23-29.

Robert C. 1914. Pandora (= 1966. E. Heitsch (Hrsg.), Hesiod. Darmstadt (Wege der Forschung 44): 342-366).

Rosenmeyer Th.G. 1957. Hesiod und die Geschichtsschreibung (Erga 106-201) (= 1966. E. Heitsch (Hrsg.), Hesiod. Darmstadt (Wege der Forschung 44): 602-648).

Saïd S. 1985. Sophiste et tyran ou le problème du Prométhée enchaîné. Paris.

Sayre F. 1948. The Greek Cynics. Baltimore.

Schäfer Chr. 1996. Xenophanes von Kolophon. Ein Vorsokratiker zwischen Mythos und Philosophie. Stuttgart/Leipzig (Beiträge zur Altertumskunde 77).

Scheffer Th. von. 1938. Hesiod. Sämtliche Werke, übers. von Th. v. S. Leipzig.

Schmid W. 1929. Untersuchungen zum Gefesselten Prometheus. Stuttgart (Tübinger Beiträge zur Altertumswissenschaft 9).

Schmidt J.-U. 1986. Adressat und Paraineseform. Zur Intention von Hesiods 'Werken und Tagen'. Göttingen (Hypomnemata 86).

Schneider H. 1989. Das griechische Technikverständnis. Von den Epen Homers bis zu den Anfängen der technologischen Fachliteratur. Darmstadt.

Schoele A. 1960. Zeitaltersage und Entwicklungstheorien. Die Vorstellungen vom Werden von Hesiod bis Lukrez. Berlin (Diss.).

Schwabl H. 1962. Art. Weltschöpfung. RE Suppl. 9: 1433-1582.

Schwartz Ed. 1915. Prometheus bei Hesiod (= 1956. E.S., Gesammelte Schriften II. Berlin: 42-62).

Schwartz J. 1960. Pseudo-Hesiodeia. Recherches sur la composition, la diffusion et la disparition ancienne d'œuvres attribuées à Hésiode. Leiden.

Solmsen F. 1949. Hesiod and Aeschylus. Ithaca.
Spoerri W. 1957. Über die Quellen der Kulturentstehungslehre des Tzetzes. Museum Helveticum 14: 183-188.
Spoerri W. 1959. Späthellenistische Berichte über Welt, Kultur und Götter. Basel (Schweizerische Beiträge zur Altertumswissenschaft 9).
Stiewe K. 1962. Die Entstehungszeit der hesiodischen Frauenkataloge. Philologus 106: 291-299.
Stiewe K. 1963. Die Entstehungszeit der hesiodischen Frauenkataloge. Philologus 107: 1-29.
Treu M. 1957. Das Proömium der hesiodischen Frauenkataloge. Rheinisches Museum 100: 169-186.
Trousson R. 1964. Le thème de Prométhée dans la littérature européenne. Genf.
Tulin A. 1993. Xenophanes Fr. 18 D.-K. and the Origins of the Idea of Progress. Hermes 121: 129-38.
Uxkull-Gyllenband W. Graf. 1924. Griechische Kultur-Entstehungslehren. Berlin.
Verdenius W.J. 1962. Aufbau und Absicht der Erga, in: Hésiode et son influence. Vandœuvres-Genève (Entretiens sur l'antiquité classique 7): 109-170.
Verdenius W.J. 1985. A Commentary on Hesiod. Works and Days, vv. 1-382. Leiden.
Vernant J.-P. 1966. Le mythe hésiodique des races. Sur un essai de mise au point (= 1990. J.-P. V., Mythe et pensée chez les Grecs. Paris: 48-85).
Vernant J.-P. 1974. Le mythe prometheén chez Hésiode (= 1981. The myth of Prometheus in Hesiod, in: R.L. Gordon (Hrsg.), Myth, Religion and Society. Cambridge u.a.: 43-56).
Vidal-Naquet P. 1970. Valeurs religieuses et mythiques de la terre et du sacrifice dans l'Odyssée (= 1981. Land and Sacrifice in the Odyssey:

a Study of Religious and Mythical Meanings, in: R.L. Gordon (Hrsg.), Myth, Religion and Society. Cambridge u.a.: 80-94).

Vidal-Naquet P. 1975. Der platonische Mythos des Politikos und die Zweideutigkeiten des goldenen Zeitalters und der Geschichte (= 1989. P.V.-N., Der Schwarze Jäger. Frankfurt/New York: 233-247).

Vischer R. 1965. Das einfache Leben. Wort- und motivgeschichtliche Untersuchungen zu einem Wertbegriff der antiken Literatur. Göttingen (Studienhefte zur Altertumswissenschaft 11).

Vischer W. 1859. Über die Prometheustragödien des Aeschylos. Basel.

Weber E. 1887. De Dione Chrysostomo Cynicorum sectatore. Leipziger Studien 10: 77-268.

Wehrli F. 1956. Hesiods Prometheus (Theogonie V. 507-616) (= 1966. E. Heitsch (Hrsg.), Hesiod. Darmstadt (Wege der Forschung 44): 411-418).

Welcker F.G. 1824. Die Aeschyleische Trilogie Prometheus und die Kabirenweihe zu Lemnos nebst Winken über die Trilogie des Aeschylus überhaupt. Darmstadt.

West M.L. 1961. Hesiodea. Classical Quarterly 11: 130-145.

West M.L. 1966. Hesiod. Theogony, ed. with Prolegomena and Commentary. Oxford.

West M.L. 1978. Hesiod. Works and Days. ed. with Prolegomena and Commentary by M.L.W. Oxford.

West M.L. 1985. The Hesiodic Catalogue of Women. Its Nature, Structure, and Origins. Oxford.

West M.L. 1990. Studies in Aeschylus. Stuttgart (Beiträge zur Altertumskunde 1).

Wilamowitz-Moellendorff U. von. 1914. Aischylos. Interpretationen. Berlin.

The Performance of Women Performing: Representations of Deception and Disguise in the *Agamemnon* and *Macbeth*

Surya B. Shaffi, Nottingham

I

The periods of Classical Athens and Renaissance London are renowned landmarks in stage history for their productions and performances of considerable works of drama. It is remarkable also that this emergence of theatre as both a prominent and preferred art form should be accompanied by a marked interest in the representation of women. Women characters populate the comedies and tragedies in these periods on an unprecedented level. In that tragedy as a genre is more likely than comedy to explore the tensions and anxieties relevant to its time, it is, perhaps, more revealing of the concerns voiced regarding gender identity and the nature of women.

A major concern about women in both periods relates to their duplicitousness, their skillful manipulation of deception and disguise. This aspect of women's nature maybe more visibly realised in comedy than in tragedy (Aristophanes' *Assembly Women*, for example, or the character of Rosalind in Shakespeare's *As You Like It*). However, whereas in comedy, it is for the most part treated unproblematically to provide humour and entertainment, tragedy's depiction of women's duplicity is through narratives of intrigue and secrecy, the outcome of which is destruction and death. It is through these sinister portrayals of womanhood and the persistent association of women with violence and disorder that, as I hope to show, a clearer insight may be gained as to the difficulties envisaged by dramatists in either period regarding the nature of women, and how they are to be understood and managed by men.

Women who are skilled manipulators of deception and disguise, it is to be argued, play a central role within tragedies from the Classical and Renaissance periods. The stereotype, however, has a tradition and history expressed through literary mythology and religious doctrine in western cultural thinking. Many of us may recognise the decadent and, at times, dangerous Femmes Fatales of twentieth century film noir[1]; or, we may be familiar with the enigmatic and suspicious spy-thriller heroines, symptomatic of the cold war years. Bearing in mind the differences in emphasis regarding its description and identification, the theme is traceable in other periods also. In Renaissance England, for example, the temptress, who cunningly lures men into vice through guile and trickery, providing material both for the pamphleteers engaged in 'the woman controversy'[2] and for poets such as Spencer in his representation of Duessa in *The Faerie Queene*. The inspiration for such images and ways of thinking about women may be attributed, perhaps, to a paranoia derived from men's fears of the uncontrollableness of women. Women's inherent untrustworthiness, particularly in matters of sexual fidelity, might turn men into cuckolds. In the context of Classical Athens also, there were certainly well known examples from myth of women who were mistresses of deception and disguise (the mysterious Circe, the shrewd Penelope, the treacherous Clytemnestra, not to mention the intrigues of Deities like Athena and Aphrodite). The prominence of the theme in art and literature up to and throughout the fifth century BC may have derived from the recognition by men that women, less able to use physical strength, will inevitably resort to trickery and deceit to achieve a hidden purpose. Moreover, socially speaking, women constituted 'the other' (they had their own tasks in their own space in the Oikos or household, and, in the city, they had their own rituals and festivals). Women's duplicity, therefore,

---

1 See: Doane, Mary Ann: *Femmes Fatales: Feminism, Film Theory, Psychoanalysis,* Routledge, New York and London 1991 (in particular, Introduction, pages 1-16).

would seem to be a motif that is both available to and elaborated upon by male dominated cultures throughout the ages. Within the context of tragedy, it is recreated in Classical and Renaissance periods through representations of women characters as Clytemnestra and Lady Macbeth.

Clytemnestra and Lady Macbeth are shown to convey a gap between inner and outer self, between an inner identity which is concealed and an outer disguise which is performed, or between the hidden truth of that which is and the displayed deception of that which seems. Each is imagined as able to mimic submission and obedience, faithfulness and dutifulness, devotion and loyalty or weakness and humility. During the course of the narrative, each is shown to have instigated violence and destruction, unsuspected by their victims who had been deluded by the appeal of that which they had seen. It is argued below that these scenarios may provide a context enabling dramatists from either period to explore questions around the nature of women and femininity and its relationship to men and masculinity.

II

In many ways, the soliloquy spoken by the Watchman at the start of the *Agamemnon*[3] is as vague and ambiguous as the subsequent choral odes. It remains significant, nevertheless, in communicating signals to the audience in relation to Clytemnestra which affect how it will watch or respond to her during the rest of the play. The impression which is established is of a

---

2 See: Woodbridge, Linda: *Women and the English Renaissance: Literature and the Nature of Womankind, 1540-1620*, The Harvester Press, Brighton, 1984 (in particular, pages 49-113).

3 All references to and quotations from the *Agamemnon* are taken from: Aeschylus, *Agamemnon* (translated by Richmond Lattimore) in *The Complete Greek Tragedies*, edited by David Grene and Richmond Lattimore, The University of Chicago Press, Chicago and London, 1953. Quotations from *Macbeth* are taken from: Shakespeare, William: *Macbeth* (from the *The Arden edition of the works of William Shakespeare,* edited by Kenneth Muir, Methuen and Co. Ltd., London, 1972.

queen who holds sovereignty over a house in turmoil whose walls conceal a secret too dangerous to be spoken; a queen who has long awaited the return of her husband but not (it is felt) with the virtuous patience accredited to Penelope; a queen with a 'male strength of heart' and 'high confidence' who is clearly empowered by the absence of her husband; and, a queen who has 'ordained' that the watchman keep his nightly vigil of fear and torment upon the palace roof top wishing for the release that the beacon flame will bring. To the audience, who will have been familiar with the mythical tradition relating to the house of Atreus and the role of Clytemnestra within it, the tone and mood of the Watchman's speech may endorse their expectations. The audience knows, and can take it for granted that Clytemnestra has been unfaithful to Agamemnon, has been conspiring with Aegisthus against him, and will play a part in the anticipated murder. The information the audience receives from the opening comments delivered by a servant of the household, therefore, generate feelings of suspicion regarding Clytemnestra. Moreover, these feelings are derived as much from pre-held knowledge as they are from the innovational emphasis upon the commanding authority Clytemnestra seems to hold over the household.

If the activities of Clytemnestra are shrouded in a degree of obscurity for the audience, the intentions of Lady Macbeth are rendered transparent. Through her soliloquies and asides, the audience is allowed information regarding her inner self (concealed to all except Macbeth) and is aware of the false disguise she will assume. It is, therefore, able to enjoy the deception as deception. Act 1 Scene V creates for its audience a position of intimacy with the duplicitous woman in that it shares her secret. Lines 39-53, for example, establish for the audience a distinction between that which Lady Macbeth is seen to display as a disguise, and that which she is shown to conceal from view. To use her example at line 64-65, Lady Macbeth reveals to the audience that she will be 'the serpent' beneath a charade of the 'innocent flower'. The distinction between the signaled appearance and the actual concealed truth, therefore, between the outer manifestation and the inner reality is described to and shared with the audience as well as. She will display goodness and virtue so that the plot to commit horrific violence is not suspected, and the effectiveness of the display is to be derived from the projection of innocence and all that is to be expected from and admired in women. Displaying an image of a woman who is 'fair and noble' on the outside, Lady Macbeth will conceal the destructive power of a woman who is 'unsex[ed]' on the inside. The violation and abandonment of natural womanliness (a womanliness associated with the maternal, remorse and the 'milk of human kindness') creates a 'fiend', bent upon violence and destruction. Moreover, the accoutrements of womanliness are to be worn as disguise to delude and entrap the victim (Duncan is highly grateful for the kind and generous welcome he receives from his 'fair and noble hostess'). It is this notion, the idea that a duplicitous woman has the ability to create a sense of confidence and security, which underpins the characterisation of this figure, not just in the case of Lady Macbeth but with regard to Clytemnestra also. When she enters onto stage at line 83[4], Clytemnestra is the queen from whom the Chorus seek assurance regarding the news they hope she brings – 'be healer', they say to her, 'to this perplexity that grows now into darkness of thought'. The suspicions communicated to the audience by the Watchman seem not to be shared by the Chorus. They show 'reverence' rather than scepticism towards her. If they disbelieve the news she brings, their reactions are derived from assumptions regarding woman's inherent naiveté and not fears of trickery – 'am I some young girl', taunts Clytemnestra, 'that you find my thoughts so silly?'; and, their response later is that 'it is like a woman, indeed, to take the rapture before the fact has shown for true'. Clytemnestra as perceived by the Chorus, therefore, is a queen who, on receiving a message that may indicate the defeat of Troy, and anticipating the safe return home of her husband, prepares rituals of celebration. Her first act in the play is to honour the

---

[4] This is debatable. See, for example, Taplin, Oliver: *The Stagecraft of Aeschylus: The Dramatic Use of Exits and Entrances in Greek Tragedy,* Oxford University

Gods by ordering sacrifices of thanksgiving and relief at the eventual destruction of Troy, a news which she seems to greet with enthusiasm and joy by tracing the panoramic journey of the beacon flame across Greece to Argos (lines 281-316). She shows herself to be concerned about the need for restraint and humility in victory as she describes the fate of Troy (lines 320-351). She prays for the army's safe return home – 'of all good things to wish', she says, 'this is my dearest choice'; and, her words, which convey her sensible humility to the Chorus, generate uneasiness for the audience. The Watchman had hoped that Clytemnestra might 'with singing' rise up 'from her bed of state with speed to raise the rumour of gladness'; and, Clytemnestra would seem to fulfil this from lines 586-612 with a 'cry of joy' as the Argive victory is confirmed. The image she presents of herself to the Chorus (as shown in 600-4) describes no cause for apprehension and disbelief, voices no suspicion regarding deceptive appearances or unspoken rumours. Rather, that which they see is an image of a queen joyful and excited at the arrival of this long-awaited day, determined to commence the celebrations in preparation for a public ceremonial welcome, as expected of her.

Perceived to be the faultless queen by the Argive elders, Clytemnestra is also perceived to be the faultless wife to Agamemnon (606-612). She describes how she has fulfilled her duties in this role with complete devotion and loyalty, and remained totally faithful during the long absence of her 'honoured lord'. Her public declarations of love towards him (line 855) are overtly unreserved. She substantiates them with descriptions of days of anguish and fear she had endured during his absence. She was continuously tormented by tales of his death, longed for his return to end the grief of his absence and is now relieved by his homecoming.

The Chorus of the *Agamemnon*, therefore, does not suspect Clytemnestra's announcements of devotion and loyalty as anything other than genuine. Her declarations, however, may be viewed with scepticism

---

Press, Oxford, 1977 (in particular chapters 1 and 6).

by the audience. Firstly this is as a result of what it knows (from myth and from the ominous words of the watchman) and secondly as a result of what it expects (as a woman capable of lying, it is to be taken for granted that she is mistress of deception, with her own reasons for hoping for the speedy return of her husband).

The misperceptions of the Chorus regarding Clytemnestra are paralleled in the misperception of Duncan regarding Lady Macbeth (Act 1 scene VI). On his entrance, Duncan is first seduced by the alluring atmosphere, and then misreads the display of hospitality (his 'see, see! our honoured hostess' is ironic at his expense in that he clearly does not see, or fails to see beyond what he is shown). His inability to scrutinize the surface beneath a display has already been proved in the play, in that he had been deceived by the previous Thane of Cawdor (Act 1 Scene II). His misrecognition in this scene of the false image of generosity and somewhat over-zealous words of welcome may present him as naive to the audience who is aware of the planned intrigue. The ease with which Duncan is deluded by the disguise, and his failure to see beyond it is a demonstration both of the power of the duplicitous woman and the vulnerability of the trusting man. The deceptive appearance created by Lady Macbeth is unsuspected by Duncan because it provides what he might expect from a hostess; overcome with admiration and gratitude for what he is shown, he has no cause for doubt. It is by similar means (the display of the patient and virtuous wife generously welcoming home her husband) that Agamemnon is entrapped by Clytemnestra.

Agamemnon is shown a wife who, tortured by unconfirmed rumours of his death at Troy, would now express her relief at his safe return with joyful welcome. He sees a Clytemnestra who would rejoice in his victories, celebrate his success and glorify his homecoming through an excessively lavish display of over-indulgent expressions of devotion (the crimson tapestry on which he is invited to tread, the bathing rituals which will be administered by his wife and not a slave). Despite Agamemnon's reservations regarding such treatment which confers upon him honours usually ascribed to the immortals (922-5), he is unable to resist. His exchanges with Clytemnestra (lines 631-943) result in his being persuaded so that he does comply, does enter the palace as she directs, and that he is (by her 'woman's ways') made 'delicate'. His eventual submission ('since you must have it') depicts the conqueror of Troy conquered by his wife's exaggerated display of duty and adoration. The success of Clytemnestra in the achievement of submission is derived from her ability to show that which she knows Agememnon wants to see, her ability to recognise and feed his notion of self importance (as displayed in his opening speech).

The submission of Agamemnon to the persuasive arguments of Clytemnestra also brings to mind the submission of Macbeth to the convincing well-reasoned plans of Lady Macbeth. Macbeth's doubts regarding their murderous plans are expressed in the opening soliloquy in Act 1 Scene VII, and the culminating result is a decisive resolution that 'we will proceed no further in this business'. In less than fifty lines, however, this resolution is totally revoked, and the deed from which Macbeth had earlier recoiled in horror is now anticipated almost with excitement (lines 75-77). The basis of this revocation is clearly the coercive argumentation and manipulative speech of Lady Macbeth by which Macbeth is persuaded against his better judgement. The argumentation is all the more effective in that it plays upon that which Lady Macbeth knows to be of most value to Macbeth, his masculine identity. The terms upon which this identity is defined are prescribed by Lady Macbeth and her conceptions of appropriate manhood. This is a manhood which she perceives as unafraid, firm in purpose, commanding and assured. We may remember in the tapestry scene in the *Agamemnon* that Clytemnestra also plays upon Agamemnon's masculine pride by insisting that he is not a real victor or a real king unless he obeys her and gives way to do as she asks. Lady Macbeth successfully persuades Macbeth to proceed with their scheme specifically by questioning Macbeth's masculinity through persistent taunts and accusations – he is 'green and pale' in resolve, 'afear'd' to grasp the opportunity to obtain what he desires, a 'coward'. Macbeth's attempts to counter such assertions and re-define his masculinity against such accusations ('I dare do all that may become a man'; who dares do more, is none') may seem acceptable to the audience; but, it is immediately shown to be inadequate and is demolished by Lady Macbeth with 'when you durst do it, then you were a man; and, to be more than what you were, you would be so much more the man...'. To be a 'real' man, therefore, Macbeth must act with confidence, his misgivings are seen to symbolise loss of manhood. Like Agamemnon, Macbeth submits with 'I am settled', applauding her strength, excited at the prospect of successful unsuspected deception ('away, and mock the time with fairest show: false face must hide what the false heart doth know'). In that their schemes will consolidate his masculinity (or her definition of it), he can and does sanction the disjuncture between concealed danger and performed sweetness, justifying and even commending her ability to establish and convincingly generate a false impression of goodness that successfully conceals conspiracy to commit violence. Like Agamemnon, Macbeth is rendered vulnerable to Woman's ability to skillfully manipulate speech and argumentation. The irony of both plays is that it is through speech that is strange and inarticulate (Cassandra's prophetic outbursts or Lady Macbeth's unconscious utterances) that the full extent and consequence of women's duplicity is exposed.

Cassandra is the only character who is not deceived or defeated by Clytemnestra, whose insight and knowledge allow her to see, speak out and defiantly verify the false identity, but whose truthfulness (unlike Clytemnestra's deceptions) are not believed. As a consequence of Apollo's curse and because of its seeming implausibility, the Chorus fail to grasp the meaning of her prophecies, and can still only think in terms of an Argive conspiracy – 'what man is it who moves this beastly thing to be?'. For the audience, however, Cassandra's speech (1214-41) is a clear affirmation of the suspicions regarding Clytemnestra. Her knowledge and insight presents Clytemnestra as the adulteress ('this is the woman lioness who goes to bed with the wolf, when her proud lion rages far away'), as the duplicitous woman (she 'howled aloud' in 'feigned gladness' when Agamemnon returned safely), as the demonic monster (she is 'this accursed bitch who licks his hand', a 'beast of loathing, viper, double-fanged') having already revealed her as the deadly schemer ('what can she purpose now? what is this new and huge stroke of atrocity she plans within the house, to beat down the beloved beyond hope of healing', 1100-3, and Cassandra goes on in 1114-29 to describe the murder in vivid detail with 'the net of death' and 'see there ... in the cauldron wrought'). The dutiful queen and devoted wife is confirmed as the 'murderess' responsible for a 'most monstrous death', even more so because the victim is her husband ('so cruel, then, that you can do this thing, the husband of your own bed ... and the other hand follows in turn', 1107-11). The exposure of the horrific power of woman's duplicity, a power by which men like Agamemnon are stripped of their rational judgement and then violently slaughtered, is only recognised by the Chorus when they are confronted by Clytemnestra herself, standing over her kill, sword in hand.

The 'weight of ignorance' by which the Chorus seem to have been tortured for so long is now replaced by knowledge and truth. If they remain confused, it is through the shock of the realisation of the act of savage violence committed by a woman whom they could never suspect. Clytemnestra herself now stands undisguised, the defiant presenter of a bloody spectacle for which she is responsible, as it the work of 'this right hand that struck in strength of righteousness'. The corpses, the bloodstained robe in which she 'caught him fast' and the weapon she carries signal the success of her scheme, successful because it had been disguised 'in seeming tenderness'. Deception and disguise were essential as a means to achieve her purpose and exact revenge ('much have I said before to serve necessity, but I will take no shame now to unsay it all'). With revenge satisfied, Clytemnestra need no longer be the duplicitous inventor of lies, but can justify and take delight in her deed – she sought retribution for a sacrificed daughter 'slaughtered like a victim' by her father to 'charm away the winds of Thrace', she was resentful that Agamemnon should return from Troy with Cassandra as his 'loving mistress' (who traveled with him more as bride than as slave). Her objectives achieved, Clytemnestra may now show reverence to Aegisthus (who, contrary to audience expectation, is given a minor role in the whole scheme and was absent from the murder tableau) and urges reconciliation (1654-61). Commanding and in control throughout, Clytemnestra has the final word in that the Chorus depart silently, and it is she who is left to lead Aegisthus of stage.

The procedures of revelation with regard to Clytemnestra involved a narrative progression from vague suspicions to confirmed knowledge in relation to the audience, and, for the Chorus, a transformation from stubborn ignorance to bewildered enlightenment. The exposure of the duplicity of Lady Macbeth, occurred for the audience, in Act 5 Scene I, where she describes in soliloquy that which she will seem to be and that which she will withhold from view. It is revealed (in part) to characters within the narrative in Act 5 Scene I, where the turbulence of Lady Macbeth's inner thoughts and emotions are made accessible to the Doctor and Waitingwoman. This scene is framed by the disclosure of knowledge with which the audience is already familiar – the knowledge regarding her involvement in the murder of Duncan, her elaborate performances of the 'innocent flower' worn as a mask to conceal secret plots. The privilege of insight available to the audience may have established an impression of Lady Macbeth which aroused horror at her scheming resourcefulness, repulsion at her rhetoric of psychical transformation, fear at the ease with which she succeeds in murder but also enjoyment at the prospect of exciting drama and pleasure in the anticipated discovery. For characters like Duncan, Lady Macbeth had been the 'noble hostess', 'gentle lady' to Macduff and generally not so suspected as Macbeth of treachery and the ills which have beset Scotland. She does, nevertheless, become his 'fiend-like queen' in the final scenes of the play; and this comment, perhaps, denotes a degree of ambiguousness regarding how much is actually known about her scheme by Malcolm, who describes her in this way. In Act 5 scene I, however, Lady Macbeth unintentionally is shown to reveal the secrets of her mind hitherto unexpressed unless to Macbeth or the audience. She totally discloses her criminal acts and her involvement in the murder of Duncan. Crimes known to the audience are, through shrieks, moans and speech that is strangely inarticulate but dangerously clear, are revealed to the Doctor and Waitingwoman as her disguise of the 'innocent flower' is dismantled by psychic tensions and tormented mental state. The impact of the revelation on these characters is that they are left confused and bewildered by it, made helpless by it (in the words of the Doctor 'I think, but dare not speak'). Surprisingly, however, other characters such Macduff never learn the truth regarding Lady Macbeth and her falsely assumed disguise, her villainy is never publicly exposed, and Macbeth alone is seen as responsible for the situation in Scotland if not for the murder of Duncan. Lady Macbeth as the demonised schemer or the persuasive manipulator is never totally discovered. The play's final image of her is as a patient requiring medical attention, made ill and tormented by memories of actions in the past, powerless and unaware of her distorted speech and actions in the present. Suffering from psychic disorder for which the Doctor can prescribe no care ('this disease', he says, 'is beyond my practice'), Lady Macbeth may be pitied in her disturbed state, and this remains the final impression of her. She never appears on stage again, the cry of women in Act 5 scene V signaling her death. The exposure of Lady Macbeth, therefore, reveals only the consequences of the division between an inner and outer self, a division for which the cost is shown to be illness and torment.

III

The significant presence of the figure of the duplicitous woman upon the stage in both of these periods enables it to be considered as a theatrical trend (besides Clytemnestra and Lady Macbeth, there are other examples such as Hecuba, Medea or Helen, and Cleopatra, Goneril or the Duchess). It needs to be asked, therefore, what factors could have contributed to the establishment and circulation of this particular manifestation of women upon the stage in these quite different periods of theatre in terms of social, cultural, historical, political and geographical environment? To what can we attribute the emergence and prevalence of the theme, and why should dramatists foster a need to create and display such types of women repeatedly? As fictional protagonists, they certainly make entertaining theatre. They are placed at the centre of plots which evolve around their intrigues, as shown in the case of Clytemnestra and Lady Macbeth. The consequences of their actions produce exciting drama and, central to narratives of deception and disguise, is the anticipation of their discovery. At the same time, these images of women may also be interpreted as embodiments of messages and concerns regarding cultural notions of women, and, perhaps, also men. The differences in historical moment, social consciousness and cultural belief between the periods of Classical Athens and Renaissance London will clearly produce a disparity regarding the reasons for the stage prominence of these stereotypes. Differences may also be apparent in responses they evoke, the ideas they are used to promote, the meanings that are to be inferred from them and (as shown below) regarding the projects of the texts or intentions of the dramatists in envisaging them.

As representatives of a character type, Clytemnestra and Lady Macbeth do display clear points of similarity. Both have central roles in their plays as instigators of narrative intrigue, both have secrets and use deception and disguise to achieve a purpose, both employ similar tactics such as persuasive speech and the false display of commendable behaviour to manipulate men, and both create an imbalance in social order of which the outcome is violence. The differences in the social and cultural contexts out of which each is created, however, affects the dramatists' treatment of the character in terms of the imagery and vocabulary by which they describe such a woman. Differences may also be apparent regarding the views and prejudices about women that are voiced through representations of their duplicity in either of these texts, and it is issues such as these that also require consideration.

Conceptualisation of order and its antithesis would seem to be a major preoccupation of these narratives of duplicity; and, in that the intrigues of women create an appearance of order in order to violently disrupt it, disorder and transgressive women are systematically linked. The basis of order regarding the prescription of gender norms in both texts remains apparent. There are strict boundaries defining the appropriate and acceptable for men and women, men expect their position of authority in the social hierarchy to be acknowledged and affirmed, and women are to be admired if they show obedience and devotion. The deceptive disguise is created and performed by Clytemnestra and Lady Macbeth precisely in accordance with these norms. In the *Agamemnon*, a husband and argive leader returns home victorious, is given the welcome he expects from a wife and queen, and, if she is over-indulgent, it is an enthusiastic demonstration of respect for his authority and importance. Fears of a citizen conspiracy expressed by the Chorus may create uncertainty regarding Agamemnon's position as king; but his position as lord and master of his household (conveyed through Clytemnestra's proclamations of devotion and loyalty) is shown to be secure. By her generosity and eagerness to receive and welcome the king as an honoured guest (Act 1 scene VI), Lady Macbeth is praised and trusted by Duncan as a loyal subject and 'noble' hostess. She is also a wife who inspires affection in her husband (as perceived by Duncan, in that Macbeth, spurred on by 'great love', outrode the king to reach home before him). Whatever the information known to the audience, for the characters on stage, the imbalance in the relationship between Lady Macbeth and her husband is never exposed. The nearest comment to this may be Malcolm's reference to her as Macbeth's 'fiend-like queen' in Act 5 scene IX, but this does not indicate the extent of his knowledge regarding her intrigues or relationship with Macbeth.

The deceptive disguise performed by these women characters, therefore, projects an illusion of an order based upon the acknowledgement of norms of appropriate positions for men and expected behaviour from women. Behind the charade, as revealed to the audience, is the antithesis to order which, in each period, is uniquely defined. In the Athenian tradition, the establishment of order represented a transcendence over chaos. It was an achievement, and signified distinctions between the human and the bestial. Thus, the Clytemnestra behind the disguise (who is both the cause and symptom of disorder) is described by Cassandra as a lioness, a bitch and viper. Through the influence of Christianity in the Renaissance period, order was seen as being ordained by God, and a relapse of it was therefore described with the language and imagery of hell and the devil. Thus, Lady Macbeth prepares for her schemes of violence with a rhetorical appeal to spirits and 'murthering ministers'; and, by successfully accomplishing murder, turns her home into something resembling hell. The tension between coherence and instability, therefore, is clearly identifiable in these narratives, and the figure of the duplicitous woman is to be indicative of this. In one sense, she is a manifestation of a peculiar paradox visible in both periods which, on the one hand, defines social order as fixed regarding gender positions, but, on the other hand, is concerned that it might be interchangeable. As a product of the male imagination (in the sense that she was created for and enacted upon the public stage by men or boys), however, the duplicitous woman is simultaneously an expression of the dangers to gender hierarchy derived from women and their capability as perceived by men.

Duplicity, especially the duplicitous use of femininity to display weakness whilst concealing power, has been attributed to women in various ways throughout male-dominated cultures. Athenian tragedians seem to have defined it as a woman's primary weapon, a substitution for physical frailty (the theme of the injured woman, who retaliates against a male oppressor by successfully exacting revenge through guile and deceit, can be traced in the representations of Hecuba and Medea, as well as in that of Clytemnestra). Clytemnestra describes her actions as necessary to avenge the death of a daughter 'slaughtered like a victim' (*Ag.* 1417). The association of duplicitous women with witchcraft[5] and the devil is clearly apparent in the Renaissance period. Besides *Macbeth*, in *The Duchess of Malfi*, for example, Ferdinand, at the start of the play, declares that 'they whose faces do belie their hearts are witches ... and give the devil suck'. The identification of Lady Macbeth with this imagery is equally evident. Her declamatory appeals to daemons and described by Malcolm as 'fiend-like' have already been mentioned; and, in Act 5 scene I, according to the Doctor, in order to have peace she requires not medicine but divine assistance and prayer. Although never explicitly described as a witch (as, for example, Cleopatra is) Lady Macbeth must have been viewed with this imagery in mind, particularly when considering the central role of witches, apparitions, ghosts and even Hecate herself in the play. Women are thought capable of duplicity, but the virtuous woman will remain honest regardless of consequences (as Cordelia in *King Lear*). The woman who, through cosmetics or magic, can present herself to be what she is not, is dangerous and powerful, and to be despised as associated with the devil, himself a master of disguise.

The source of this dangerous power is, in both periods, not only the appeal of the deceptive disguise, which often displays what men want to see. It is also, however, the persuasiveness of women's speech, which conceals the lie beneath articulate and eloquent argumentation. The dramatisation of a discrepancy between outer utterance and inner thought occurs in both plays, and its effectiveness is revealed in that Agamemnon does tread upon purple, and Macbeth does agree to commit murder. Suspicions regarding speech as integral to the conceptualisations of the duplicitous woman on stage may also signal broader social concerns. In the Renaissance period, the inability to accurately distinguish between truth and lies was raised through the trials of those accused of witchcraft or

---

[5] For discussion of witchcraft, and the identification of „Self" as defined against „the other", see Garber, Marjorie: *Cannibals, Witches, and Divorce: Estranging*

religious treason (in both cases, the accused vehemently protested their innocence, even at the point of death[6]). The prevalent fear of spies (symbolised on stage through the figure of the Machiavellian malcontent) may also have contributed to the interest in speech (and, the motivation behind Lady Macbeth's intrigues and persuasion is her Machiavellian ambition for Macbeth to be king). In Athens, although debates around rhetoric were particularly manifested in the fourth century BC, concerns regarding speech may be traced upon the stage in the fifth century also.

Clytemnestra, whose speech is a lie until the final scene, has more to say than any other character besides the Chorus, and has the final word at the end. Cassandra, on the other hand, who speaks the truth, remains silent for over a thousand lines; and, the most important decision of the whole trilogy (the acquittal of Orestes in the *Eumenides*) is taken by characters who never speak. Thus, distrust of what women are seen to display is accompanied by a distrust of what they are heard to say (and women's silence was also considered a virtue in Renaissance moral thinking). Duplicity is conveyed both through the appeal of false appearance, and the eloquence of false speech. In either sense, it signals danger for men, it is defined (in the case of both Clytemnestra and Lady Macbeth) both in terms of what men know about women, and in terms of what they fear about women. The fear that is voiced through these characterisations and scenarios pertains to assumptions regarding the 'otherness' or mysteriousness of women. In both periods, these images may have been fuelled not so much by a sense of inherent masculine misogyny, but more so by a sense of suspicious masculine paranoia (a paranoia whose cause is to be defined differently in the two periods). In fifth-century Athens, the increasing requirements for men to be absent from the Oikos (as a result of the involvement of much of the male

---

the Renaissance, Johns Hopkins University Press, Baltimore and London, 1987.

6 Maus, Katherine Eisaman: *Inwardness and theater in the English Renaissance*; The University of Chicago Press, Chicago and London, 1995 (in particular chapters 3 and 5).

population of military age in campaigns abroad) may have intensified myths and beliefs of mistrustfulness that surrounded it.

The Oikos was indoors, enclosed and private. It was also mysterious, could hold secrets shut up in its walls, or harbour dangers concealed deep within its hidden recesses. It was, above all, the woman's domain; and, in the absence of her husband, from the security and protection provided by the house-walls, she might plan her schemes to cheat her husband of his property, or even his life. In the Renaissance period, as already argued, the focus of the paranoia is centred more upon witchcraft and sorcery believed to be practiced by women. Through the aid of cosmetics, women had the capacity to create numerous faces so that their true face was always unknown and inaccessible. As mistresses of disguise, they had an affinity with the devil, and this was enhanced by their associations with or skills in magic. Making herself up to be innocent by day, woman might be in league with the daemons of darkness by night, and thereby able to execute mischief and even murder.

The figure of the duplicitous woman, therefore, may have been placed on stage in both periods to be used as a strategy by which dramatists contemplate the dangers of women's resourcefulness and capability as well as examples of their inaccessibility. At the same time, the focus of these scenarios is also directed towards questions of masculine sovereignty, how it is to be sustained and how it is rendered vulnerable. In that their appearance fails to denote them truly to men, duplicitous women demonstrate limitations to masculine wisdom and perception, and thereby present a challenge to masculine authority. Men's admiration for that which is shown (a devoted wife or generous hostess) prevents suspicion of that which is withheld; and, foolish enough to trust women in the first place, men are subsequently enslaved by their irresistible charm.

Instrumental to masculine supremacy is that men know women, who they are, how they think and what they do. Men may insist upon transparency from women and may crave absolute knowledge about their innermost thoughts. They may even demand sincerity and revile dishonesty. Duplicitous women, in that they disallow men the privilege of insight, expose masculine knowledge as fallible and manipulable. Women are to be admired if they are open and sincere, and men if they are scrupulous and wise; men's acquiescence at the deceptive substantiation of that which they want from women is as much a failure in masculine wisdom (with disastrous consequences) as it is a manifestation of women's capability. These narratives, therefore, express uncertainties regarding masculine omniscience and its feasibility. Omniscience can only be (in the Athenian context) a gift from the Gods, or (in the Renaissance period) a privilege ascribed only to God; but, men's strive towards it (however futile) remains important in that it is a strive towards the achievement of stability, confidence and security (whether politically speaking, or in relation to social order and its institutions). The representation on stage of women who have secrets and who also have the capability to use them as a means for the achievement of personal goals may be a strategy whereby men are forced to think primarily about themselves, the fact that knowledge (as a masculine privilege or desire) cannot be guaranteed, that what is perceived can be a misinterpretation, and what is seen may not tell the whole truth. Concerns such as these, whatever their origin, are identifiable at all times since every age has its tensions and upheavals; and, the figure of the duplicitous woman may be one way in which these are voiced (she is symbolic both of the importance of wisdom and its limitations).

The success of the intrigues secretly planned by duplicitous women is attributed (in both the *Agamemnon* and *Macbeth*) to the fact that men are easily deluded by an ideal. Masculine vision is identified as unreliable in that men fail to notice the disjuncture between what is seen and what is, precisely because they are pleased by what they see. The satisfaction and contentment experienced from the appearance prohibits scrutinisation of it as potentially artificial. The possibility that women might mock the gestures of an acceptable identity, may display it as an outer appearance to conceal different intentions, describes a necessity (motivated by descriptions of consequential dangers to men resulting from unawareness of the illusions) to question the power of spectacle, its power to create misperception and misjudgment. Whilst the failure to identify a gap between what seems and what is or between genuine benevolence and a false display of it, may reveal masculine vision to be exploitable, allusions to the operations of the theatrical spectacle and its manipulation of the spectator may also be discerned.

The parallel between the power of illusion as a weapon available to women and the power of theatrical spectacle over the minds of the spectator may reveal the dramatists' contemplation of the potential impact of drama[7]. The deceptive performance created by duplicitous women is produced within an artistic performance created by dramatist and actor, and the audience (deriving enjoyment, it is hoped, from the experience of watching a play) will not consider its artificiality unless deliberately directed to do so by the narrative. Essential to both the intrigues of duplicitous women and the experience of theatre is a deliberately created gap between what is displayed and what lies beneath, between what is seen and what is hidden. The power of the former and pleasure of the latter is derived from the success with which each is able to present the deception as believable. Theatre's preoccupation with itself as theatre, and with the nature and diverse possibilities of deception and disguise is apparent in both periods. References to the technicalities of theatrical production, and the awareness and exposure of the seductive power of theatrical illusion are often incorporated into the narratives of the plays. Thus, Euripides' *Helen* seems concerned with the processes of creating illusion through deception and disguise; and, in the Renaissance, *Hamlet* may be viewed as an exploratory vehicle for the examination of the interactive possibilities between performance and spectator. Whilst such

[7] For discussions of aspects relating to „metatheatre" (the dramatisation of the theatricality of theatre) see: Easterling, P[atricia] E. et al (eds): *The Cambridge Companion to Greek Tragedy,* Cambridge University Press, Cambridge, 1997, esp. Burian, Peter, „Myth into *muthos*: the shaping of tragic plot", pp. 178-208, at pp. 193-8.

allusions as these to the theatricality of theatre may have been a means to create humour or irony, the power of spectacle upon the minds of the spectator (as illustrated by the ease with which men are deceived by what they are shown) aroused considerable concern in both periods. Plato's position in the *Republic*, for example, is clear – he is adamant that a well-run city will not have drama. Later, in the *Laws*, he relents enough to allow comedy (only for the purpose of ridiculing vices, and as long as performers are not citizens). The note of hostility from puritans in the Renaissance period is well documented. Rainoldes, in *The Overthrow of Stage-plays*, attacks the psychological impact of theatre upon the spectator, a spectator who is aroused to intense emotion and passion by what is, essentially, superficial. His exchanges with Gager do reveal, however, that there were alternative viewpoints to those argued by stage polemicists such as Rainoldes. Despite such notes of hostility, however, the appeal of theatrical performance for the audiences in both periods is that it did provide enjoyment; and, as with the appeal of the performances of flattering devotion or generous hospitality created by duplicitous women, it too created contentment and acquiescence.

Analogies, therefore, may be drawn between representations of women characters skilled in deception and disguise, and the importance of deception and disguise as theatrical conventions; and, dramatists may use such scenarios and themes as these to explore the potentialities of illusion and its affects upon the spectator – a spectator who may be manipulated by a division between appearance and reality, falsehood and authenticity or between what seems and what is. This analogy, moreover, may be further extended with regard to deception and disguise as skillfully employed by the actor. The ability of the actor to create and sustain multiple roles and personae (often within a single play, as was the case in Athenian theatre) is a source of entertainment and pleasure for an audience. His expertise and aptness in the representation of believable persons, whether admired or disdained, was still a mark of his professionalism. His ability to deceive was both applauded by the audience (in that the more it was deceived, the greater its sense of enjoyment), and aroused considerable suspicions from anti-stage commentators (both Plato and Rainoldes seem to share a distrust of acting in that men should seem to be what they are[8]). At the same time, it cannot be ignored that deception and disguise as female weapon, and deception and disguise as artistic tool are, culturally speaking, very different in terms of how and why they are described and manifested. Despite the analogies, it remains significant that it is one thing for a dramatist to create spectacle or an actor to present a character, and quite another for created and enacted images of women to assume a deceptive disguise. Dramatists and actors produce art to entertain an audience, duplicitous woman create performances to manipulate men; theatre is enjoyed if not always condoned, the duplicitous woman is feared as potentially dangerous; and, as cultural institution or ideological stereotype, the two differ in function, implication and in their appeal.

IV

Whether it signals an elaboration of the misogynistic mythology around women, or a struggle around definitions of masculine sovereignty, or even an exploration of the mechanisms of theatrical performance, the theme of the woman character skilled in deception and disguise occupies a crucial and central point of focus in narratives of tragedy from both periods. As instigators of narrative intrigues, these representations of women inspire exciting plots, both through their exploitations of appearances and through their subsequent anticipated discovery. As powerful projections of womanhood, they may articulate assumptions and fears of male authors and predominantly male audiences around the dangerous capability of women, thereby re-stating myths that women are untrustworthy. As ideological formations produced and visualised on stage in two male-

---

[8] For attitudes towards theatre see Barish, Jonas: *The Antitheatrical Prejudice*; University of California Press, Berkeley and London, 1981.

dominated cultures, they may describe instances of masculine vulnerability by displaying the volatility of a male-dominated order and by the exposure of limitations to masculine wisdom and perception. Above all, in that they raise questions and voice concerns about deception and disguise, the extent to which falsehood may be employed in a powerful way to allure and hypnotise spectators, characterisations of duplicitous women may express a universal scepticism around appearances – a scepticism of which, within the context of the theatre, dramatists are clearly aware and may treat with humour or contempt, or simply expose its potentialities (by creating women characters such as Clytemnestra and Lady Macbeth).

Whatever their function or implication, therefore, performances of women performing within the Classical Athenian or English Renaissance periods produce distinct ways of thinking about women, men and the theatre – ways which, within the confinements of this paper, have merely been raised and suggested, and clearly demand a more thorough analysis in order to ascertain their importance and their role within two unique theatrical and cultural environments.

Contrasting houses, contrasting values: an interpretation of Plautus' *Mostellaria* based on mirror scenes

Katerina Philippides, Crete

Like many Roman comedies, the staging of *Mostellaria* requires two houses.[1] What is signficant, however, about this particular play is that the first half is enacted entirely in front of the first house, which belongs to the *senex* Theopropides (hereafter house A), whereas the second half is enacted mostly in front of the second house, owned by the *senex* Simo (hereafter house B). Furthermore, the plot articulation is quite symmetrical in respect of these two buildings:

> outside house A, inside house A,[2] outside house A
> (1-690: acts I-III.i)
> outside house B, inside house B, outside house B
> (691-1181: acts III.ii-iii, IV.iii-V).[3]

The symmetrical arrangement of the stage action and the contrasting values which the two houses and their masters represent, define the

---

1 For the staging of Roman comedies see Duckworth 1971, 83.

2 With the phrase «inside house A» I mean the interior scenes which are necessarily performed in front of the house (I.iii and I.iv); on the other hand, with the phrase «inside house B» I mean the scene acted in the *uestibulum* of house B (part of III.ii); in both cases, these scenes, in terms of content, are different to those performed outside the houses, in the street: they are more strictly linked with the houses.

3 As far as the second half of the comedy, however, is concerned there is an exception from this arrangement: in scenes IV.i and IV.ii, the actors perform in front of house A, although they later move towards house B; yet in these scenes, placed near the end of the play, the first of the slave's schemes is uncovered and thus, we are lead to the λύσις of the comedy. Furthermore, at the beginning of V.i and V.ii one character appears on stage coming from a wing-entrance close to house A, but he immediately approaches other characters in front of house B and acts with them there.

composition of the comedy. In other words, Plautus devises many of the comic incidents by exploiting the contrasting values and the stage division in entrances, exits, approaches, and departures. Thus, he presents both houses under parodic sieges. These «sieges» are enacted in four mirror scenes.[4] A trial-parody referring to the houses is also found at the end of the play. A couple of mirror scenes allude to this «trial». Two more mirror scenes take place, which are related to the welcoming of Theopropides and are indirectly linked to the houses. It is obvious that these mirror scenes contribute to the overall symmetrical arrangement of the play. It is also characteristic that one «siege» occurs in every act except the last, where there is instead the «trial». This «legal» procedure leads to a peaceful solution, and thus, «peace» replaces «war» involving the two houses.

A clarification is in order here. I do not claim that Plautus (or Philemon, for that matter[5]) deliberately organized his play in such a symmetrical articulation. Yet, I claim that in the text of *Mostellaria* symmetries do exist and that they produce meaning. The question whether the playwright wrote the play this way consciously or unconsciously (by implicit knowledge[6]) bears no relevance to the meaning of it.

The association of the two houses so important for the plot is achieved through the mediation of Tranio, Theopropides' slave, who conforming to the role which the cunning and unscrupulous slave generally assumes in comedies, plans the intrigues. Tranio's trickeries are related to the houses and contrived exclusively against the two owners of them. Theopropides has just returned home after a long absence due to a

---

4 I borrow the theatrical *terminum technicum* «mirror scene» from Taplin 1977, 100-3, and 1978, 122-39; Taplin 1977, 100 has stated that the «repetition or reflection of an incident or scene in such a striking way as to recall the earlier event is a basic event... and is to be found in most kinds of drama». However, in the case of «sieges», I use it to describe more than two scenes, actually a chain of reflecting scenes in the same play, whereas Taplin 1978, 136 speaks about a pair of scenes, or about a succession of actions. Yet, the other mirror scenes (allusions to trial, invitation to dinner) I examine, constitute pairs.

5 The Greek model of *Mostellaria* is the *Phasma* by Philemon. See, for instance, Duckworth 1971, 53.

6 See Culler 1975, 113ff.

business trip to Egypt, and is eager to enter his house, the values of which, however, have changed meanwhile. Tranio, bearing in mind respectively Theopropides' disapproval and Simo's approval of the new values of house A, «defends» this house by keeping his master away from it and «conquers» house B for the sake of the same *senex*. The military imagery which S.A. Frangoulidis[7] points out in Tranio's schemes, corroborates my interpretation about the «sieges». Tranio's deceptions are eventually disclosed thus leaving the field free for another character, Callidamates, to take charge. In sharp contrast to Tranio, Callidamates, using «legal», thus peaceful, means prepares the ground for Theopropides' entrance into house A. So, he makes possible the future unlocking of house A, which from line 426 till the end of the play remains closed[8] to Theopropides.

A further dimension of this study concerns the reversal of values which the two houses represent. In the first scene of the play, house A is negatively presented as occupied by people who espouse the Greek life-style, the most important manifestation of which is the love affair of Theopropides' young son, Philolaches, with a courtesan. Yet, this relationship progressively acquires ethical acceptability for Romans. In contrast, house B encloses a legitimate Roman marriage, which however, proves unhappy and dreadful for the husband, the *senex* Simo. As a consequence, the values of house A prevail at the end of the play, whereas house B is metaphorically doomed to collapse.[9]

Below I shall examine the mirror scenes of *Mostellaria* which refer to the two houses of Theopropides and Simo, the partially conflicting values which these houses represent, and the «legal» solution given at the end of

---

7 Frangoulidis 1997, 43-4 explains Tranio's comparison with the famous generals of antiquity (775-7) in relation to the presence of military language in the slave's schemes; he also connects this military imagery with the one he traces in Philolaches' monologue and the banquet scene.

8 Since my approach is theatrological, it is to be understood that I am referring to the façade of house A. Later on in the play the people locked inside supposedly come out from a back door.

9 Simo's words are characteristic: *peiius posthac fore quam fuit mihi* (710).

the play. Also emerging from this examination is the dramatic function of Simo's role in the comedy, which has been so far rather overlooked.

* * *

The connection between houses and values is firmly established in the lengthy monologue which Philolaches delivers in the second scene of the play (I.ii). In this monologue the youth employs an extant simile of men with houses (*homines aedium esse similis* 119) and his argument generally contains a great deal of architectural vocabulary. Philolaches compares the construction of a house with a man's upbringing as well as the damages caused to houses by storm and aggravated by indifferent inhabitants with his own moral degeneration and abandonment of modesty for love.[10] The recurring word *aedes* spoken early in the play is a further indication of the importance the houses possess in this comedy. Even more important is the identification between the morals of men and particularly Philolaches' new values with the condition of a house, which is closely related to the «siege» scenes. Since, for instance, Theopropides has been presented as someone who disapproves of Philolaches' new values, it is natural that his unexpected appearance will represent a threat to his son; thus, when he tries to enter his own house, where Philolaches is hidden, he is presented as «attacking» a new house, a house which represents the new morals of his son and not his own.

Let us now discuss in more detail the staging of *Mostellaria.* The two houses are represented on both sides of the stage with an *angiportum,* an alley between them (1044). The actors enter the stage either from there, or from the houses, or from the wing-entrances.[11] In front of Simo's house

---

10 For a different interpretation and elaboration of this simile see Leach 1969, 318-32.

11 Although we do not know for sure if the wing-entrances of the Roman comedy correspond to those of the Greek theater, it is evident that the one wing-entrance leads to the country and the harbour and the other to the *forum* and the city. On this matter see Beare 1977, 254-5, Duckworth 1971, 85-7, Blume 1978, 122-3.

stands an altar, as textual information suggests.[12] E.W. Leach and P. Grimal argue that Simo's house is Greek basing their judgement on its Greek architecture the most important manifestation of which is the *gynaeceum* (755 ff.).[13] Grimal supports that Theopropides' house is also Greek.[14] Theopropides' house also has or had an old *gynaeceum,* as we can infer from Tranio's claim that his master wants to build a *nouom gynaeceum* (759). Actually the whole frame of the play is Greek: the scene is somewhere in Athens (Tranio says that he is going to Piraeus, 66), the names of the characters are Greek, and the model of *Mostellaria* is the *Phasma.* Elements, however, of Roman ideology are evident in the text of *Mostellaria.*

The first half of the comedy or the performance of the actors in front of house A

«Siege»-scene 1 (I.i, especially 1-9)

Scholars have examined this scene in relation to its introductory

---

12 As Duckworth 1971, 83 states, in Roman Comedy «on the stage in front of one of the houses stood an altar». In this specific comedy all the evidence points to the altar being located in front of Simo's house. Theopropides informs the audience that he is going to wait for Tranio in front of Simo's house (*ego illum ante aedis praestolabor* 1066), so that Simo's slaves who had been waiting inside (*intra limen* 1064) as ordered, could rush out and lynch Tranio; Tranio indeed approaches Theopropides (*adgrediar hominem* 1074), and later sits on the altar in order to protect himself. The position of the altar in front of the neighbouring house is also found in *Bacchides,* for instance, in the prayer which Chrysalus says to the god of the *ara*: *Saluto te, vicine Apollo, qui aedibus / propinquos nostris accolis, veneroque te* (172-3). Thus, for all the above reasons the assumption made by Merrill 1972, xviii that in the setting of *Mostellaria* a «low altar is downstage centre» seems groundless. On the other hand, in the Loeb translation, p. 405, it is stated that the altar stood in front of Simo's house.

13 Leach 1969, 324-5, Grimal 1976, 376.

14 Grimal 1976, 376, 380.

character,[15] its stylistic composition,[16] and its vivid representation of wrangling between an urban slave, Tranio, who espouses the Greek way of life, and a country slave, Grumio, who stands for the Roman ethics.[17] The interpretation I shall follow here concerns the staging of this scene and its resemblance to other scenes of the play.[18] Grumio enters the *skene* from a wing-entrace, coming from Theopropides' farm.[19] The motivation for his appearance on stage is disclosed by him later (62): he has come to his master's house in order to take fodder and carry it to the cattle. Grumio presumably starts knocking on the closed door of the house, calling Tranio to open it. It is significant, however, to examine how Plautus represents Grumio's attempt to make Tranio get out of the house, on the one hand, and Tranio's reaction to Grumio's calling, on the other.[20]

Grumio persistently appeals to Tranio to exit employing a variety of expressions: *exi e culina sis foras* (1), *egredere, ex aedibus* (3), *lates* (5)

---

15 Duckworth 1971, 108-9 and 252 discusses the technique of Plautus and Terence of devising a scene with two characters, the one of them «protatic», at the opening of a play, instead of presenting only one character who recites a long narrative monologue; Plautus varies from Terence in making such scenes dramatic. According to the same scholar in *Mostellaria* Grumio is the protatic character who delineates the character of Tranio. Sonnenschein 1907, 62, Terzaghi 1929, 7, and Slater 1985, 20 state that this scene functions as a prologue; Slater also compares it with another opening scene in *Epidicus* which describes a dispute between two slaves, pointing out some differences between the two scenes.

16 Wright 1974, 1-12.

17 See for instance Duckworth 1971, 252.

18 Wright 1974, 4-9 draws a parallel between some excerpts of this scene with other analogous scenes of other plays of Plautus. I shall try to examine this scene as a whole in relation to other scenes of the same comedy.

19 See Sonnenschein 1907, 62. Nixon 1980, 292, however, in scenic directions in the Loeb edition of *Mostellaria*, supports the view that Grumio appears on stage coming from Theopropides' house. Mariotti 1992, 105-10 also supposes that Grumio enters the stage from this house after he is forcibly expelled from it by Tranio; the slave is now knocking on the door in order to enter the house for a second time. Mariotti claims that another conversation between the two slaves had taken place prior to the one described in the first act, basing his assumption on Grumio's knowing that the other slave is in the kitchen. Yet, it is possible that the usual place for Tranio to be found was the kitchen.

20 For the quotations from the text of *Mostellaria,* I use the *OCT* edition of W.M. Lindsay (Oxford 1980).

and repetition of the same word, *exi* (1, 5). After Grumio has been shouting for five lines, it is his last word *lates* which prompts Tranio to finally open the door and come out. Obviously Tranio is not eager to speak to Grumio and actually delays his exit out of the house, until he hears the word *lates.*[21] He, then, begins yelling at Grumio and insists that he go away from the house: *apscede ab aedibus* (7), *abi rus, abi, apscede ab ianua* (8). Grumio refuses to leave and Tranio, infurated, beats him (9). Tranio, thus, employs contrasting expressions (imperatives and prepositional phrases of place) to those of Grumio.[22]

It is worth noting that the repetitions of the expressions pertain both to the exit of the *aedes* (in Grumio's utterings) and to the withdrawal from the *aedes* (in Tranio's lines). This feature sets this scene apart a) from analogous stage scenes in other Plautine comedies;[23] and b) from other scenes which have also been compared to that of *Mostellaria* on the basis of content and verbal echoes,[24] and yet employ staging markedly dissimilar to that in *Mostellaria.*[25]

---

21 This term, viewed in relation to the stage action here and the military language used in later «siege»-scenes, appears also to belong to the military imagery.

22 For the stylistic correspondence between Tranio's words and those of Grumio see Wright 1974, 3.

23 In *Rudens* (706) Daemones summons a character who is inside a temple to come out and the latter obeys without any questions. In *Curculio* (276) Palinurus calls Phaedromus to come out of the house and the latter obeys immediately requesting an explanation for the noise which he receives. In *Trinummus* (1093) too Callicles comes out of his house not because he is called but because he hears a *clamor* in front of it.

24 The scenes compared to the one from *Mostellaria* are the first act of *Casina* and the first act of *Aulularia.* For the content similarities of the scene from *Casina* see MacCary and Willcock 1976, 111. For the stylistic similarities of the scene from *Casina* and from *Aulularia* see Wright 1974, 6-7.

25 In *Casina,* although we meet another pair of slaves, a town slave (Chalinus) and a country slave (Olympio), they quarrel while striding on the stage, whereas Chalinus' strong exhortation for Olympio to go to the *rus* (103) has nothing to do with *aedes.* In *Aulularia* the *senex* Euclio violently pushes Staphyla, his old slave, to pass the threshold and get out (40); both are inside the house, both get out for a while, the *senex* points to the slave to stand away from the door (46) and he goes in the house again. In *Menaechmi* (127) Maenechmus is filled with enthusiasm, because he managed to drive his wife away from the door by quarreling; his wife had followed him to the doorway.

In the first act of *Mostellaria* the repetition of expressions referring to exits and withdrawals in conjunction with the caustic verb *lates* and Tranio's delay allow the audience to infer that something is taking place inside house A which Tranio wants to hide from Grumio's critical eyes, and for which there is only a hint (*erilis permities*) in the third line. In the ensuing dialogue between the two slaves, Grumio offers the audience a more detailed and entirely negative account of the change of life in the house during Theopropides' absence: Tranio has wrecked his master's property and corrupted his son, Philolaches (28-33); they are said to have imitated the Greeks (*pergraecaminei* 22, 64),[26] revelled day and night (20, 24, 64-5), finally purchasing the freedom of their mistresses: *amicas emite, liberate* (23). The last of this barrage of accusations reveals more clearly Grumio's anger (and perhaps also his jealousy) because he employs the plural *amicas* producing a *hyperbole,* because Philolaches has emancipated only one girl.[27] Tranio confirms Grumio's claim that he has not only led his young master astray into leading an immoral life but also participates in it himself: *lubet potare, amare, scorta ducere* (35). Philolaches will also later confirm that he used to be an *exemplum* in respect of his *parsimonia* and *duritia* (I.ii, 154-5), while now he sumptuously lavishes money and is totally devoted to the love of a *meretrix.*

Grumio stands for the ideals of his absent master, a Roman who will not accept the Greek «degeneration» of his son. He keeps warning Tranio that Theopropides will return one day and will punish him most severely. On the basis of this belief Grumio reprimands the disobedient slave exactly as his master would have done, had he came back and learnt about what goes on inside his house. Naturally, Grumio's «attack» is unsuccessful:

---

26 *Pergraecaminei* has negative connotations (at least in this scene); cf. for instance Merrill 1972, 71: «For many Romans, "Greek" was a metaphorical way of saying "dissolute"».

27 It is implied in the subsequent monologue of Philolaches and it is clearly stated by Philematium (as it is of course required by the conventions of the Greek New Comedy and the Roman Comedy) that she is the only girl that Philolaches has emancipated out of love (204).

Tranio beats Grumio once (9) and threatens to beat him again (61) on account of the fact that he is a mere slave and has less power than the former, because Theopropides has put Tranio in charge of the estate in his absence (25-6). Tranio, therefore, sees Grumio's presence in terms of an annoying barrage of censures against him and the life in house A and resists the «siege» by keeping the trouble maker away, as he will later do with Theopropides. Consequently, the scene between Tranio and Grumio is preparatory for the scene between Tranio and Theopropides.

«Siege»-scene 2 (II.ii, especially 444-531)

The audience is aware that Tranio is involved in the change of life-style in Theopropides' house. They also have indications that the *senex* will disapprove of this change. So it is reasonable that Theopropides' return will disturb the guilty slave and will disrupt the party under way from line 308. The participants in this banquet include Philolaches and his beloved Philematium as well as the drunken Callidamates, the friend of Philolaches, accompanied by the *scortum* Delphium. When Tranio in II.i informs Philolaches and the others about the arrival of Theopropides and realizes that they are completely incapable of handling the situation, he takes the initiative. He conceives a plan to keep Theopropides away from the house and hides the panic stricken Philolaches and his group inside it instructing them to remain silent and to close the door: *aedes iam fac occlusae sient* (400). He himself arranges to lock the house from the outside with the appropriate key (404-26), and moreover orders another slave to go and also lock from the inside (425). Tranio is left alone on the *skene* and waits for Theopropides to arrive, standing away from the door: *concedam a foribus huc* (429).

The second «siege»-scene begins in II.ii, at the point when Theopropides who has appeared on stage approaches house A. The *senex* returns to his house full of expectations after a three years absence: *credo exspectatus ueniam familiaribus* (441). After trying the door, he realises to his surprise that it is locked, and decides to knock: *sed quid hoc? occlusa ianua est interdius. / pultabo. heus, ecquis †ist†? aperitin fores?* (444-5). Tranio engineers his plan. First, he pretends that he has not recognized his master: *quis homo est qui nostras aedis accessit prope?* (446). Then, after their greeting Tranio starts preparing the right atmosphere that will later enable him to bring in his ghost story, always keeping Theopropides away from the house: *eho an tu tetigisti has aedis?* (454), *tetigistin?* (457), *fuge, opsecro, atque apscede ab aedibus. / fuge huc, fuge ad me propius. tetigistin fores?* (460-1). The two slaves who escort Theopropides are ordered to go away (468). When, at last, Theopropides curious and anxious asks what is going on, Tranio relates the story of the house being haunted for seven months. The previous owner of the house is said to have murdered a guest of his in order to usurp his gold who subsequently became a ghost as a result of his untimely death. He then possessed the house, drove off all the occupants and thereafter becomes angry whenever someone is knocking on the door: *quia percussisses fores* (521). Tranio contrived this last detail, since the characters who were locked inside the house suddenly made a noise. The slave also takes this opportunity to repeat over and over that Theopropides must withdraw (512-3, 522-3, 527).

There are many similarities between this and the first «siege»-scene. In both cases the house is locked and people are hiding inside, Tranio on the one hand, the party participants on the other. One character, Grumio in the first scene and Theopropides in the second, enters the stage from a wing entrance and is knocking impatiently on the door, calling repeatedly for someone to open it. The people inside do not want to open the door. Tranio, the same character in both scenes, undertakes the task of repelling the undesirable and persistent characters and succeeds both times: Grumio goes to the *rus* and Theopropides exits running away. Furthermore, both Theopropides and Grumio represent the Roman ethics in contrast to the

Greek way of life being carried out in the house. So, Grumio temporarily substitutes for his absent master.

In spite of these correspondences, there are some notable differences as well. As regards the staging, in the present scene there also appear two mute actors: the slaves who escort Theopropides. Moreover, in the first scene Grumio is alone on stage, until Tranio comes out of the house, while in the second both Tranio and Theopropides are on stage. The last observation can be qualified somewhat since Theopropides thinks he is alone until Tranio approaches him; in addition, Tranio is hidden in both instances, the second time not in the house, but somewhere nearby from where he appears to his master. There are also some other differences between the two «siege»-scenes which are necessary for the progress of the plot: Tranio cannot beat up Theopropides or threaten him, as he did with Grumio, because Theopropides is not a slave, but his master, and thus he is forced to engineer a clever plan in order to convince the *senex* to withdraw voluntarily. It is to the advantage of Tranio that Theopropides, in contrast to Grumio, is not aware of the events which are taking place inside his house.

Things however become more complicated when the money-lender Misargyrides appears on stage and Tranio must explain to the *senex* for what reason his son has borrowed money. Tranio, in a moment of inspiration, effectively exploits Theopropides' inclination to mercantile business and devises the story that Philolaches has purchased their neighbours' house: *de uicino hoc proxumo / tuos emit aedis filius* (669-70).

Before discussing the third «siege»-scene (part of III.i and the scene with Simo, III.ii) it may be useful to examine scene I.iii, which anticipates the scene with Simo and moreover offers a rather positive perspective on the life-style in Theopropides' house.

The reversal of values which house A represents (I.iii)

This dressing scene in which Philematium adorns herself consulting her old maid, the *ancilla* Scapha, as well as the subsequent banquet are, according to Duckworth, indoor scenes which Plautus was forced to portray outside Theopropides' house in compliance with the rule of the unity of place.[28] Thus, the *hetaira* and Scapha come out from house A with toilet articles. Unnoticed by them, Philolaches still on stage, eavesdrops on their conversation and utters many amusing asides.

F.R. Merrill has rightly pointed out that the function of scene I.iii is to present the courtesan, Philematium, under a favourable light.[29] This reading, however, offers a partial understanding of the scene.[30] The scene contains Roman ideals as opposed to *pergraecari,* thus reassessing the values of house A. In fact the entire dialogue between Philematium and her maid (and Philolaches' asides) unfolds around three bipolar oppositions:

(a)	*matrona*	vs.	*meretrix*
(b)	/love/	vs.	/money/
(c)	young woman	vs.	old woman

(a). Love has changed Philematium (as it did with Philolaches in I.ii) and she is willing, although a courtesan, to abandon all her other lovers and devote herself exclusively to the man who set her free (204-5). Scapha disapproves the change in her mistress, and reprimands her with the reminder that she is a *meretrix* and thus should not behave as a *matrona* (188-9). Scapha says ironically to Philematium that she must arrange her hair in the manner of a bride, if she has assurance that her lover will support her forever as well as maintain his affection (224-6).

---

28 Duckworth 1971, 126. See also Merrill 1972, 76.

29 Merrill 1972, 76.

30 Its full significance emerges when seen in contrast to the scene with Simo. The examination of Simo's role and the association of the two scenes will come later.

G. Williams shows that lines 186-246 express ideals of marriage, exclusively Roman, and separately identifies the following three notions: «(i) the ideal of faithfulness to one man-*solus* etc.; (ii) the ideal of wifely obedience to a husband-*obsequentem* (205), *morem gerere,* etc.; and (iii) the marriage-bond conceived of as eternal- *sempiternum, in uita* etc».[31] As Williams argues, the (i) and the (iii) refer to the Roman concept of the *univira,* the «*matrona* who has known only one husband» and the (ii) expresses not Greek disapproval of a woman's insubordination, but the Roman conception of obedience as a positive virtue which gives her dignity. Williams correctly assumes that the poet borrowed a toilet-scene from his Greek source and added to it the references to the Roman conceptions of marriage.[32] The question is why? The notion of *pergraecari* may offer an answer in the regard. The relationship between Philolaches and Philematium was until now established in terms of *pergraecari.* Since the imitation of the Greek life-style has been presented so far mostly[33] as negative, it naturally follows that the affair would also be presented negatively. In this scene the affair by containing also Roman elements it gains positive connotations. This positive aspect of the affair will be further emphasized when later it will be examined together with Simo's case. Thus, at the end of the play, although the two lovers do not get married, their relationship, having been shown to incorporate elements from Roman morals, can be more readily accepted by the Roman audience, and thus, Theopropides' consent seems less abrupt.

(b). The examination of the opposition /money/ vs. /love/ shows the application of a second element from Roman ideology to the affair, which, in respect of *pergraecari,* has an impact on the relationship analogous to that of the Roman ideals of marriage mentioned above. /Money/ vs. /love/

---

31 Williams 1958, 23-7.

32 Williams 1958, 27.

33 The Greek life-style which includes a relationship with an *hetaira* has been presented by Grumio in negative terms in I.i. In I.ii, Philolaches in his monologue confirms that his love for a *meretrix* has made him abandon his Roman virtues; yet, his description of the love he feels makes the spectators empathize with him.

is shown to be a pseudo-opposition. Philematium shows her gratitude to Philolaches for purchasing her freedom by offering her affection exclusively to him. In so doing, she rejects the possibility of earning money from other lovers and relies financially on him. Scapha argues against such a risk (224-6) and adds that Philolaches is a spendthrift soon going to be penniless (235-6). Philematium gets angry and threatens to whip her maid if she goes on abusing Philolaches. In contrast to the interest of her maid the indifference of the *meretrix* towards money is implied even from their first lines: Philematium remarks that she has had the most pleasant bath for ages while Scapha speaks about the big harvest this year. Her mistress regards the reference to money irrelevant: *quid ea messis attinet ad meam lauationem?* (160)

Thus, the inclination to profit (as expressed in the words of Scapha) does not hinder the affair. On the contrary, money has a rather positive effect on it. When Philolaches buys his beloved's freedom, she can choose either to leave him or go on loving him. Philolaches' eavesdropping allows him as well as the audience to know her true feelings. Philematium, being in love, has chosen to pay off her debt (*oportere*) to Philolaches with her devotion to him.

From Philolaches' comments emerges the other facet of the Roman ideology, the mercantile element. When he realizes that Philematium is faithful to him, he feels that he has made a good investment (*bene locassem* 242) by spending money on her freedom. A few lines earlier (233-4) he had taken such great pride in her reaction to the advice of her maid, that he now wishes his father dead so that he could make her the heir of all his property. When later Philolaches and Philematium are left alone on stage and exchange words of love, the financial dimension of their affair emerges most clearly (300-4).[34] Yet, money and love effect a compromise in this relation. Both parties are very much in love and tender with each other. The impatience of Philematium for the return of

[34] For the financial language see for instance W. Leach 1969, Grant 1974, 182-3.

Philolaches who has to leave her only for a few seconds to welcome his friend Callidamates (I.iv, 338) is characteristic.[35]

(c). The opposition between youth and old age has a double dimension in the conversation between the two women: i) Scapha warns her mistress that she should not give herself up to one lover, because he will leave her when she is older (196); the abandonment of Scapha by her lover represents an *exemplum* for Philematium (199-202). Philematium again does not pay any heed to the warnings. ii) The second exploitation of the opposition is more important. When Philematium full of care about her looks[36] asks her maid to hand her the mirror and the jewel box, Scapha obeys but tells her that only an insecure woman (*mulier quae se suamque aetatem spernit* 250) needs a mirror. Scapha however refuses to give her white lead and rouge explaining to her that these and all the other cosmetics are inappropriate to young girls: *non istanc aetatem oportet...* (263-5). At the request of Philematium for perfume, Scapha also replies that renovated, toothless old ladies (*ueteres*) use it, while perfumes, she argues, combined with the scent of their perspiration produce an awful smell (274-8).[37] Philolaches approves of this description and also connects it with the type of *uxor dotata.* Turning to the audience he adds that those who got married to old wives because of their dowries understand the meaning of Scapha's words (280-1):

> uerum illuc est: maxuma adeo pars uostrorum intellegit,
> quibus anus domi sunt uxores, quae uos dote meruerunt.

---

35 Even their names, Philolaches and Philematium, sharing the same prefix echo the strong bond between them.

36 Philematium wants to know if her hair is fixed properly, or if her dress is becoming. Her attitude from now on is proper to a *meretrix*, with the difference that it aims at the pleasure of one man.

37 The abundance of adjectives and subordinate clauses modifying *ueteres* (274) and separating it from the verb *olent* (277), lends vividness to Scapha's account and makes the description of the old women repulsive.

In addition Philolaches in his prior asides was always agreeing with Scapha that Philematium is desirable due to the charm of her youth and her natural prettiness.

The second half of the comedy or the performance of the actors in front of house B

The beginning of «siege»-scene 3 (III.i, especially 670-89)

The third scene depicting a parody of a siege relates to the second house on stage. The actors who are already on stage, Tranio and Theopropides, move towards house B. All the actors from now on (with the exception of the scenes IV.i and IV.ii) will perform on the second half of the *skene,* while the first half remains empty. House B becomes the centre of the action (as happened before with house A) and the plot evolves around it. The situation in the second house (as opposed to the first) will soon be related by the proprietor, the *senex* Simo (who is also contrasted to the first *senex,* Theopropides). Tranio taking into consideration the situation in house B and the psychological state of the owner, will continue to adjust his intrigues in order to advance his master's «siege».

The «siege» starts as soon as Theopropides is convinced by Tranio that his son has bought Simo's house. He is eager to inspect it, since he himself is going to pay off a part of the payment (654), and as a merchant he is anxious to examine the quality of the purchased article. Theopropides orders Tranio to knock at the door and call someone out (674-5):

> cupio hercle inspicere hasce aedis. pultadum fores
> atque euoca aliquem intus ad te, Tranio;

and soon he has to repeat the order to the inert slave: *euocadum aliquem ocius, / roga circumducat* (679-80). Tranio is at a loss (676-7). Finally, he comes up with an idea: turning to his master he explains that there are ladies in the house who may not welcome a visit. Theopropides, however, easily overcomes this minor obstacle. He insists that Tranio should go anyway and ask them for their permission (*i, percontare et roga* 682) while he waits nearby: *ego hic tantisper, dum exis, te opperiar foris* (683). Tranio advances toward Simo's door cursing his master who opposes (*oppugnas*, 685) whatever plans he makes. P.G.McC. Brown remarks that in this scene «knocking is forestalled by the emergence of a character from the house».[38] So, as Tranio is about to knock on the door in despair, Simo's appearance relieves him. The narrative of the old *senex* gives him the necessary time to think and more importantly, enables him to scan the grounds and assess the terrain before the «attack». He characteristically says that he will step back (*huc concessero* 687)[39] until he conceives of a plan (*senatum consili* 688), that will meet the requirements of the emergency.

Brown has compared the annulment of the door knocking here with analogous forestalling in two other Plautine plays.[40] Plautus has at his disposal many motifs which any time he is able to adjust to the particular context of each comedy. In the two «siege»-scenes, as it is shown above, Plautus employed words relating to exits and withdrawals, terms common to many of his comedies, in the new frame of the «siege». This scene, the beginning of the third «siege», which will be continued after Simo's entrance monologue, also mirrors the two earlier «siege»-scenes. Besides the common vocabulary about knocking and summoning, Tranio is about to knock at the door of a house where he is unexpected. Theopropides does nothing different here from what he did before. After unsuccessfully knocking at the door of his own house, and being turned away, he now tries to get into another house. Only this time (and this is again necessary

---

38 Brown 1995, 82, 88 note 36.

39 Tranio had earlier used the same verb (429), when he decided to go away from the door of house A and wait nearby for Theopropides' arrival. The term *concedo* used in the frame of the two «siege»-scenes apparently also belongs to the military imagery.

for the progress of the plot) there are some notable differences. Theopropides steps behind after he has instructed Tranio to knock at the door and this knocking is forestalled. Yet, the person who «defends» the house is unexpectedly outside it, and after his narrative, the encounter between Simo and Tranio finally takes place.

The values of house B as contrasted to those of house A and the completion of «siege»-scene 3 (III.ii)

Simo enters the stage coming out of house B. Simo's entrance goes unnoticed by Theopropides who is standing somewhere nearby waiting for Tranio to come back. Only Tranio, due to his closer proximity to the house, is able to see Simo coming out and unobserved, he listens to the latter's monologue. This monologue is a *canticum,* an intoned lyric written in cretic metres and sung by the actor impersonating Simo to a melodic accompaniment by a *tibia.*[41] Simo's *canticum* relates to Tranio and the audience the dreadful conditions prevailing in his house and his resulting emotional condition.[42] Simo actually appears to be a voluntary exile from his own home in contrast to Theopropides who earlier, full of anxiety, attempted to enter house A and was «persuaded» to leave, and furthermore he now tries insistently to get into house B.

In his opening lines Simo refers to the most wonderful lunch – the best of the year – he enjoyed earlier in his house (690-1):

---

40 *Menaechmi* 176-81 and *Poenulus* 728-42; see above, note 37.

41 See Merrill 1972, xLvii-Lv, 93.

42 Duckworth 1971, 374, when examining the Plautine songs states that they are used to «express joy, grief, anger, despair, and the like. Songs in general are employed for the expression of emotion, but the emotional content is most conspicuous in the monodies. It is less easy to give expression to emotion when two or more singers are on the stage». Also Hunter 1985, 50 says of these songs that they are not «simply an ornament scattered over the drama at random, but a functional and meaningful dramatic weapon»; earlier, p. 46, he had noted that the entering characters usually initiate songs and this also helps to demarcate the separate scenes.

Melius anno hoc mihi non fuit domi
nec quod una esca me iuuerit magis.

These words evoke the first lines uttered by Philematium (I.iii, 157-8) when she remarked that she had not enjoyed her bath so much for ages:

Iam pridem ecastor frigida non laui magi' lubenter
nec quom me melius, mea Scapha, rear esse deficatam.[43]

However, the verbal similarities between the two excerpts serve to emphasize more their differences, since Simo's explanation in the following lines of his monologue reveals that his first lines were spoken probably ironically. The same dose of irony can be seen in line 692:

prandium uxor mihi perbonum dedit.

Simo's wife had indeed prepared a superb lunch for him, far better than usual, yet her real intention was to entice him to the bedroom.[44] She even went so far to order him to bed, but Simo was not at all in the mood to meet the sexual demands of his old wife (693-7):

nunc dormitum iubet me ire: minime.
non mihi forte uisum ilico fuit,
melius quom prandium quam solet dedit:

---

43 Compare also the first lines of Scapha: *euentus rebus omnibus, uelut horno messis magna / fuit* (I.iii, 159-60) and the first lines of Misargyrides: *Scelestiorem ego annum argento faenori / numquam ullum uidi quam hic mihi annus optigit* (III.i, 532-3).

44 Fraenkel 1960, 416 describes Simo's wife as an *uxor dotata* seeking for love. Merrill 1972, 94 in his comment on lines 704-5 says: «under the circumstances of line 703, it is not *sleep* which is bothersome, but "going to bed" with the woman». Segal 1968, 189-90, note 14 states that Simo's wife is planning a sensual experience with her husband; *ibidem* Segal holds that the scene with Simo proves the rule in Plautine comedies, that «funny things happen *only* on the way from the *forum*» (p. 52), only this time the situation here is a reverse to what is expected according to the rule. Schuhmann 1977, 59, note 69 compares Simo's reluctance to go to bed with his wife with line 937 from *Asinaria* adding that «Im römischen Possenspiel wird die *uxor dotata* ebenfalls als erotisch nicht anziehend geschildert».

uoluit in cubiculum abducere me anus.
non bonust somnu' de prandio. apage.

The *senex* slipped secretly out of the house, leaving his wife «boiling at him» (698-9):

clanculum ex aedibus me edidi foras.
tota turget mihi uxor, scio, domi.

Simo's monologue is interrupted by Tranio's aside in which the slave remarks that the *senex,* because of his wife, will also have a dreadful dinner and a dreadful night (*male* 701). Simo continues his monologue and offers a second reason why he avoids his wife: not only is she old, but her looks never really attracted him. She actually bought him with her dowry. Thus, Simo's wife belongs to the type of *uxor dotata,* a stock character in the comedies of Plautus exploited for the creation of comic situations.[45] Simo at first speaks generally about the problems of people who, married to rich old wives, detest going to bed with them. He then goes on to apply this maxim to his own marriage, adding a pessimistic conclusion as regards the life that awaits him hereafter with such a wife as his (702-10):

quom magis cogito cum meo animo:
si qui' dotatam uxorem atque anum habet,
neminem sollicitat sopor: [in] omnibus
ire dormitum odio est, uelut nunc mihi
exsequi certa res est ut abeam
potius hinc ad forum quam domi cubem.
atque pol nescio ut moribus sient
uostrae: haec sat scio quam me habe[a]t male <et>
peiius posthac fore quam fuit mihi.

E. Fraenkel's assumption[46] that Simo's entrance monologue is completely unconnected with the rest of the comedy is not supported by

[45] For a definition of the role which the *uxor dotata* has in Roman society as well as in Plautine comedies, where she always causes trouble to her husband, see Schuhmann 1977, 45-65.

[46] Fraenkel 1960, 416-20.

the text. It is true that Simo's wife does not appear on stage,[47] but this does not mean that «L' *uxor dotata* esiste esclusivamente per i vv. 690-713». J.C.B. Lowe criticizes Fraenkel's suggestions and argues that «Simo's matrimonial problems do have some relevance later in this scene», although he also holds that the monologue in question has a length «out of proportion to its dramatic function».[48] My view is that Simo's monologue contributes essentially to the semantic coherence of the comedy.

The detestable feelings Simo's wife and all other such women provoke have already been established in scene I.iii by the repulsive description of old women in Scapha's account (274-8) and by Philolaches' supplementary comment about women who bought their husbands with their dowry (279-81). In fact, Simo's presentation firstly of old age and secondly of dowries as characteristics of detestable women, repeats the exact order of presentation of the same elements in Scapha's and Philolaches' words. Moreover, Simo's apostrophe to the audience (708-9) evokes Philolaches' apostrophe to that part of the audience who have old and rich wives (280-1). Furthermore, since the name of Simo's wife is not revealed, her identification with the women described in Scapha's and Philolaches' lines is more easily established. For all these reasons it is obvious that life in Simo's house must be read in contrast to life in Theopropides' house. Moreover, Simo's wife is the exact opposite to Philematium, as the following diagram shows:

47 On this matter see note 61.

48 Lowe 1985, 19-20; for the relevance of Simo's monologue in this scene see later in my paper.

Simo's wife	**vs**	**Philematium**
matrona	vs	*meretrix* (acting, however, as a *matrona*)
old	vs	young
detestable	vs	desirable
she bought her husband with her dowry	vs	she did not have enough money to buy herself her freedom or to pay for the necessaries of life without depending financially on her man
she orders Simo	vs	she is obedient to Philolaches
she unsuccessfully prepares a delicious lunch to entice Simo to bed	vs	she successfully prepares herself to please Philolaches
she holds on to Simo on account of the marriage bond and she even has the power to order him because of her money[49]	vs	she and Philolaches are joined together because of love, not of money

Simo is contrasted to Philolaches, because the latter has all the former wishes to have. This antithetical connection between them can be clearly discerned when, as will be shown below, Simo reveals to the slave that he approves of the way of life taking place in Theopropides' house (722 ff., especially 728-31).

49 Schuhmann 1977, 50, characteristically says: «[D]ie Frau, die mehr Geld besitzt als der Mann, verschafft sich nämlich mit Hilfe ihres Reichtums Macht, um den Mann zu beherrschen», and she brings examples from other Plautine comedies to support her statement.

After Simo's monologue has ended, Tranio conceives of a *dolum,*[50] a scheme that will empower him to decoy Simo and «conquer» house B (715-6). He steps up to the *senex,* greets him, and begins to speak with him. When Tranio realizes that Simo, for whom the lunch in his house turned into trouble, desires the feast in house A, he takes the opportunity of informing him about Theopropides' return (742) obtaining his promise (744-5) that he will not say anything to Theopropides about the mode of life in house A. After Simo's reassurances Tranio proceeds to concoct another fabricated story according to which Theopropides wants to inspect Simo's house which is extremelly well built, because he intends to marry his son and enlarge his own house by building *gynaeceum* (755), *balineas, ambulacrum,* and *porticum* (756). It is significant that Tranio later repeats the *nouom gynaeceum* (759).[51] Thus, the *gynaeceum* serves a special function in Tranio's plan. In fact, it is the last of all the parts of the house that Simo himself would want to visit.

Therefore, when Tranio praises house B and pretends that Theopropides wants to use it as an *exemplum,* since it is famous for its wonderful and all-day long shade in the summer (764-5), Simo's reaction must be understood in relation to his own marital problems. Thus, when he retorts that on the contrary in his house all the time instead of shade the sun is standing at the door like a bill collector and the only shady place is the well, Simo's words must be interpreted as a sarcastic comment on his own marital life (766-9):

immo edepol uero, quom usquequaque umbra est, tamen
sol semper hic est usque a mani ad uesperum:
quasi flagitator astat usque ad ostium,
nec mi umbra hic usquamst nisi si in puteo quaepiamst.

50 Actually the term *dolus* is appropriate for sieges and conquests.

51 Previously the women's apartments were clearly separated in line 755, from the other parts of a house, which are mentioned in line 756.

Scholars have explained the references to the shade and the sun in respect to the architectural style of Simo's house.[52] Yet, these references should be read in their dramatic context. In his monologue Simo has confessed that he had a miserable day, due to his wife's sexual demands (690-8). He does not want to be in his house, where he cannot find peace (699) and his future with such a wife will be even worse (710). Thus, the *sol* operates on a second level, as a representation of Simo's wife's lust.

Moreover, in this context, the comparison of the demanding *sol* with a persistent *flagitator* [53] standing at the door of Simo's house should also be seen to relate to the amorous claims of the undesirable wife. Lowe points out that *flagitatio,* «a popular method of seeking redress», has been exploited by Plautus in the scene III.i of *Mostellaria*, where the money-lender Misargyrides standing outside house A repeatedly demanded loudly that his *faenus* be paid.[54] In Simo's case, the *flagitator* also operates on that second level, as a representation of his ugly and rich wife's demands for sexual satisfaction from her husband as redress for her dowry.

Tranio who has overheard Simo's monologue is in a position to understand the latter's bitterness and anger at the unavoidable *sol.* He thus makes a pun on the word *umbra* to tease the *senex* (770):

quid? Sarsinatis ecqua est, si Vmbram non habes?

Scholars have seen Tranio's line as a reference to Plautus' place of origin.[55] In the light, however, of what has already been said about Simo's marital problems, this phrase is probably related to its immediate dramatic context. Tranio asks Simo: if you cannot find an *Vmbram* (i.e. relief and an Umbrian girl) in your house, do you have a woman from Sarsina (i.e.

---

52 See Leach 1969, 324-6, Grimal 1976, 377-9.

53 Fraenkel 1960, 107ff., holds that lines 763-72 are a Plautine invention and allude to the *flagitatio*.

54 Lowe 1985, 13, as he states, follows Usener.

55 See Duckworth 1971, 50, Merrill 1972, 95.

one who makes trouble for you)?[56] Simo reprimands the impertinent slave (771). It is obvious that Simo felt surprised when he realized that Tranio managed to perceive the deeper meaning and bitterness of his own references to the shade and the sun. Simo of course could not know that Tranio had overheard his monologue. So he is angry now with the slave who teases him and insists that he must take his words as mere references to the shade and the sun (*molestus ne sis. haec sunt sicut praedico* 771).

Tranio insists that his master wants to inspect Simo's house just the same and Simo permits the inspection: *inspiciat, si lubet* (772); he also permits Tranio to take Theopropides there: *i, uoca* (774). The «conquest» of house B is now almost complete. It is not accidental that Tranio triumphantly compares his achievements with those of the great generals of the past, Alexander the Great and Agathocles, immediately after obtaining Simo's permission to enter his house. All that remains now is the successful progress of the scheme.

After the *senes* have saluted each other, Simo gives his permission once more for entry into his house, this time speaking directly to Theopropides: *i intro atque inspice* (807). Theopropides, recalling Tranio's earlier hesitations, asks if his visit may be inconvenient for the ladies of the house: *at enim mulieres-*; Simo detests his wife and thus upset by Theopropides' reference to the women, tells him not to care a bit for them: *caue tu ullam flocci faxis mulierem / qualubet perambula aedis* (808-9). Lowe believes that in the above lines Simo's matrimonial problems have a dramatic effect; he also claims another essential function for Simo's annoyance with his wife: his trip to the *forum* will eliminate the risk of Simo being close to Theopropides during the ensuing inspection of the house.[57] It is obvious that Tranio's above mentioned emphasis on the new *gynaeceum* which Theopropides allegedly wants to build in his house aims

56 A pun based on some proverb referring to women from these places is possibly latent here. Within the context of the opposition between refreshing shade and scorching sunlight, the double meaning of *Vmbram* is apparent, whereas the double meaning of *Sarsinatis* remains obscure.

57 Lowe 1985, 19-20.

at averting the danger of a possible exposure of his scheme; since Simo avoids being in that specific part of his house, it is reasonable to assume that he will not change his mind about going to the *forum*. Tranio must also prevent Theopropides from disclosing the lies about Simo's house. As Lowe points out, the *servus callidus* exploits Simo's *aegritudo* (796, 810-1, 821-2) which is prompted by the situation in his house: Tranio convinces his master that Simo's melancholy is a result of his doubts about selling the house.[58]

Simo reiterates his invitation to Theopropides to go inside (815). The two *senes* along with Tranio enter the *uestibulum* and the *ambulacrum*. During the tour Tranio mocks both of them using metaphors from the animal world[59] and creates a humorous situation for the pleasure of the audience. Since Simo cannot stay and accompany Theopropides to the further inspection of the house, he calls a slave to escort him: *eho istum, puere, circumduce hasce aedis et conclauia. / nam egomet ductarem, nisi mi esset apud forum negotium* (843-4). Theopropides misunderstands *ductarem* to imply mocking and relies on Tranio as his escort.[60]

Theopropides has to overcome one last obstacle before entering the house: Simo's dog. Simo assures him that the dog is pregnant, harmless and gentle and so he can go inside *audacter* (852), while he himself will go to the *forum* (853). Simo seems to compare the harmless dog with his dangerous wife whose presence in the house does not permit him to accompany the visitors *audacter*. The antithetical comparison between an animal and a woman becomes more obvious, if we consider that the dog is pregnant and thus sexually satiated and harmless, whereas Simo's wife is furious because she is sexually frustrated.[61] On the other hand

---

58 Lowe 1985, 19, 23-4.

59 For the metaphors and the criticism implied in them see Slater 1993, 122-3.

60 For the pun see Lowe 1985, 25 and the translation of Nixon 1980, 377.

61 The *uxor dotata* is often compared with a female wild dog in other Plautine comedies: *Miles gloriosus* (679-81), *Casina* (319 f.), *Menaechmi* (837). Furthermore, Simo's escape from his house due to the appearance of his wild wife is not unique in Plautus; in *Menaechmi* 159 Menaechmus after having a

Theopropides' fear of the dog, which is not dispelled by Simo's assurance (854-5), recalls his fright towards the ghost which allegedly lived in his house. His fear of the harmless animal explains in retrospect Tranio's choice of a ghost story to scare him away from his house: Theopropides proves to be a person who is easily frightened.[62]

Simo exits from a wing entrance. Theopropides and Tranio finally exit into Simo's house. The «conquest» of house B has ended successfully. The stage is empty for a while for the first time since the beginning of the play.

The «conquest» of house B signals the completion of the third «siege» and its successful conclusion differentiates this scene from the second «siege»-scene in which Theopropides tried in vain to go inside house A. This time the *senex* manages to enter the besieged house. Consequently, poor Theopropides, who was anxious to enter his own house, tricked by his slave, enters another's house instead. It is characteristic how Theopropides reacts later, when he realises that he has been duped: *in terras solas orasque ultumas / sum circumuectus, ita ubi nunc sim nescio* (995-6).

«Siege»-scene 4 (IV.i, especially 898-903, and IV.ii)

Scenes IV.i and IV.ii bring the performance of the actors back to Theopropides' house and constitute the fourth «siege»-scene. Since the stage was left empty at the end of the preceding act and the actors impersonating two new characters now enter the stage from a wing-entrance and proceed to house A, it seems as if the comedy begins afresh. In addition, as in the first scene of the play, we now have on stage a pair

fight with his *uxor dotata* is leaving from his house, which he characterizes as lioness's lair (*ab leonino cauo)*.

62 In fact, Simo's wife functions in a similar way with the ghost in the sense that she drives Simo away from house B, like the ghost drives Theopropides away

of quarreling slaves who belong to the same master, this time to Callidamates. One of the two slaves, Phaniscus, appears at IV.i and the other, Pinacium, at IV.ii. Phaniscus, obeying Callidamates' earlier order (313-4) has come to take his master home;[63] Pinacium follows him and they have a quarrel which recalls that of Grumio and Tranio at the beginning of the comedy.[64] They then approach Theopropides' house and the «siege» begins.

Pinacium starts knocking on the door asking someone to defend it from the assault: *... pultabo fores. / heus, ecquis hic est, maxumam qui his iniuriam / foribus defendat?* (898-900). Since nobody answers, Pinacium keeps pounding and summoning anyone to open the door (900), but he receives no answer, since the people indoors have been instructed by Tranio not to answer when they expect Theopropides to arrive.[65]

The «defender» of the house whom Pinacium calls within will come instead from outside: Theopropides. He and Tranio are coming out of Simo's house. As regards the staging it is interesting to note that now there is a pair of actors exactly in front of both houses. Phaniscus and Pinacium are standing in front of house A, while at the same time Theopropides and Tranio speak to each other in front of house B. Each pair does not notice the other.[66] Yet, the moment of truth regarding Tranio's scheme seems imminent and this development is manifested by the stage arrangement. Furthermore, according to textual information, the knocking on the door temporarily ceases.

---

from house A. Furthermore, both Simo's wife and the ghost never appear on stage.

63 I previously characterized Phaniscus as a new character appearing on stage because Callidamates' earlier order was addressed to a mute person.

64 Frangoulidis 1997, 51 draws a parallel between Phaniscus and Grumio.

65 See Brown 1995, 83.

66 Following other scholars, Damen 1992, 208, 230 argues that Plautus placed the scene with the two slaves before the scene with Tranio and Theopropides, in order to provide sufficient time for the inspection of Simo's house; thus, Damen observes that the two slaves seem to be «frozen» for almost thirty lines, since they say nothing until the end of the dialogue between Tranio and his master. Cf. Duckworth 1971, 180.

In the exchange between Theopropides and Tranio, the *senex* expresses his satisfaction at his son's purchase. Tranio leaves the stage supposedly to bring Philolaches from the fields as Theopropides has ordered him to. In fact the slave, as he informs the audience in an aside, has managed to calm things down (*res sint quietae* 932) and is now going from a back door to meet the people kept inside house A. Immediately after Tranio's aside and exit, Phaniscus expresses his amazement for the unexpected silence inside Theopropides' house, from where neither voices nor music can be heard (933-4). It seems as if Tranio's schemes concerning both houses have been succesfully performed, yet this silence is ominous. The exposure of the slave's lies is about to take place. Tranio's departure from the stage facilitates the disclosure of the truth.[67]

After Tranio's exit, Theopropides at last notices the two slaves in front of his house and wonders what they are doing there (935-6). This time it is Phaniscus who is pounding on the door and asking the slave Tranio whom, he believes, is inside the house, to open up: *pergam pultare ostium. / heus, reclude, heus, Tranio, etiamne aperis?* (936-7). The *senex* keeps wondering what is going on. Phaniscus keeps summoning Tranio to open the door and explains why he and Pinacium have come: *Callidamati nostro aduorsum uenimus* (938). Theopropides, concerned about his property, temporarily assumes the role of the defender of his own home asking the slaves why they are battering down the house: *quid istas aedis frangitis?* (939). Theopropides' question makes the slaves stop, turn their attention away from the house and start a conversation with him. So, for a second time the pounding on the door stops and another long conversation takes place. Theopropides seems to have temporarily succeeded in repulsing the «attackers».

Frangoulidis, after pointing out the similarity of the pounding of the door here with Theopropides' earlier knocking on the door, observes that the two scenes also reveal a contrast: in the former Tranio persuades

---

67 See Frangoulidis 1997, 61.

Theopropides that the house is haunted, whereas in the latter Phaniscus reveals to him the truth about the actual events taking place in the house.[68]

The truth is revealed to Theopropides through an interrogation. At first Phaniscus tells the *senex* that he involves himself with things which are none of his business (*res alienas procures* 942), and Theopropides replies back that the house is his business (943). Yet the spectators can detect the irony latent in these words. House A is indeed *alienae aedes* to Theopropides since it is neither the one he left when he went to Egypt, nor it is the haunted one as Tranio described to him in the relative fabricated story. Phaniscus gradually discloses to Theopropides the truth about the conditions prevailing inside the house, but the *senex* refuses to believe it. He retains one last vain hope, that the slave is lying, but Phaniscus destroys it when he points out that he has nothing to gain by lying (987). *Alea jacta est.* Theopropides has been «exhausted» and can no longer defend his house.

Exactly at this point the «siege» starts again. Pinacium begins knocking on the door: *ecquis hasce aperit?* (988). This time it is not Theopropides who stops Pinacium, but Phaniscus, who says to his fellow slave that it is pointless to pound on the door, since nobody is inside (988). He further suggests that they depart (*abeamus nunciam* 989; *sequere hac me* 990) and look for their master, Callidamates, somewhere else. Then Theopropides tries to stop them from leaving the house, so that he can get more information out of them. The slaves, however, leave the stage.[69] The withdrawal of the two slaves from house A signals the voluntary abandonment of their «siege», ending the attack of the house unsuccessfully.

This fourth «siege»-scene mirrors the preceding three and reveals many similarities and differences between them. The audience have

---

68 Frangoulidis 1997, 54.

69 Phaniscus is eager to look for his master elsewhere and hopes that in so doing, he will avoid the punishment that awaits disobedient slaves (991-2). Phaniscus' final lines reflect his view about the loyalty of slaves which he had expressed in his entrance monologue (IV.i).

become accustomed to seeing a character knocking insistently on a door and calling someone from inside to open it in vain. In this case the characters pounding on the door are two and the knocking is interrupted twice, which is a variation of the door-knocking motif. The same applies for the third «siege»-scene, where the knocking on the door is forestalled. The attackers here, as in the first two mirror scenes, were puzzled when they heard no sound coming from the house. As Tranio did in the first two scenes, Theopropides approaches the attackers and defends the house.

Unlike the attackers in the three preceding scenes, the people inside the house expect Phaniscus and Pinacium to come, yet, as a result of Theopropides' unexpected return and Tranio's scheme, house A has turned into an impregnable fortress. Unlike the third «siege» of house B, the «siege» of house A is here unsuccessfull and unlike the second scene, it is not the defender of the house who repels the attack, but the enemy himself who voluntarily withdraws.

Besides revealing to Theopropides the truth about his own house, the fourth «siege»-scene has another function in the plot. Since the attack ends unsuccessfully, the two slaves do not enter the house and consequently do not meet Callidamates, and thus are unable to carry out his earlier order and take him home from his friend's house. As a result, Callidamates stays inside house A and this is cardinal for the plot for he will later reappear on stage having the important function to perform of sorting things out, after Tranio's schemes have been exposed.

Tranio in trouble; his account of the second «siege» of house A (part of V.i, specifically 1041-63)

In the preceding scene (IV.iii) Theopropides and Simo had met each other near house B, learnt by turns the truth about Tranio's scheme concerning Simo's house and conspired against the tricky slave. Theopropides asked Simo to go with him to the latter's house and borrow his slaves along with some straps. Because Tranio had also duped him, Simo was willing to help. The stage again remained empty as both characters entered house B.

In the following scene V.i Tranio enters the stage from the *angiportum* and delivers a monologue. Tranio's soliloquy is extremely important, for it employs military vocabulary and mainly the *vox propria* for a siege: *opsidio* (1048).[70] Tranio relates to the audience how he led the imprisoned legion out from Theopropides' house through the back door (*eaque eduxi omnem legionem, et maris et feminas* 1047) and managed to get his troops away from the siege (*ex opsidione in tutum eduxi manuplaris meos* 1048). He then thought it necessary to call a war-council (as a general would have done under the circumstances) but his companions set him apart: *capio consilium ut senatum congerronem conuocem. / quoniam conuocaui, atque illi me ex senatu segregant* (1049-50). In spite of Tranio's efforts to help his companions, they are said to have rebelled against him, disapproving of his schemes, and deserted him. However, as we can infer from the related corrupted text, Tranio refuses to give up and intends to strike a treaty (*foedus feriam* 1061), apparently one which has to do with his master.

After his monologue, Tranio hears a noise coming from house B and also the voice of his master, Theopropides, ordering Simo's slaves to be ready to come out from the house as soon as calls them, carrying handcuffs. Tranio realizes that his master has discovered the truth (*res palam est* 1068) and prepares to face him.

After a long conversation between Tranio and Theopropides, the slave finds refuge at an altar and Theopropides is furious at his inability to make his slave quit his haven. The plot of the comedy seems to have reached an impasse. Then, in a trial-parody in the last scene of the play, Callidamates will show up on stage to resolve the problem.[71] A pair of mirror scenes, examined below, allude to this «trial» and thus prepare the audience for the «legal» solution of the comedy. It is worth noting that the

---

[70] For the metaphoric use of the term *opsidio* in Plautus see Fantham 1972, 30.

two scenes are symmetrically arranged in the play: the first scene appears in the first half of the comedy and pertains to Tranio's scheme regarding house A, whereas the second scene occurs in the second half of the play and refers to Tranio's scheme regarding house B.

Back to the first half of the comedy: The first scene alluding to the «trial» (III.i, 541-59)

In the preceding scene II.ii Tranio had made his master leave the stage in terror of the ghost which allegedly haunted Theopropides' house. Tranio remained on stage. In this scene Misargyrides appears on stage and utters a monologue without noticing Tranio. Tranio sees him but does not approach him. Then, Theopropides comes back on stage. Neither he nor the money-lender notice one another.[72] Thus, Theopropides is directed to his slave and the two of them engage in a dialogue. Their exchange forms the first scene alluding to the «trial» which takes place at the end of the play.

Theopropides informs the alarmed Tranio that he met the previous owner of the house and mentioned to him the ghost story according to which that previous owner had murdered his guest. In the ensuing exchange Tranio keeps questioning his master if the previous proprietor of the house denied or confessed his crime and Theopropides keeps replying that he has denied everything; the vocabulary employed is legal: *fatetur, pernegat* (553), *negat* (554), *confessu' sit* (555). Then, Theopropides asks Tranio what he thinks about this denial and what he suggests that he does.

---

71 Merrill 1972, 108 notes that «Callidamates is for the *Mostellaria* what the *deus ex machina* often was for Greek drama».

72 Damen 1992, 230, claims that Misargyrides is left «frozen» on stage, following (p. 209) mainly Lowe's conclusion that Plautus moved the lines 532-40, i.e. Misargyrides' soliloquy forward to cover offstage action: the prior meeting of Theopropides with the previous proprietor of the house. According to Lowe 1985, 9, Misargyrides' presence in the background «serves to increase the danger

Tranio proposes that Theopropides and the previous owner of the house should appeal to a judge: *cape, opsecro hercle, cum eo <tu> una iudicem* (557). In an apostrophe to the audience, Tranio humorously remarks that his master should preferably find a judge who would believe him: *sed eum uideto ut capias, qui credat mihi* (558). He then turns to Theopropides and adds that he will easily win the case: *tam facile uinces quam pirum uolpes comest* (559).

The second scene alluding to the «trial» (V.i, 1074-101)

This scene comes after Tranio's realization that his master knows the truth. Theopropides has just come out of Simo's house. Tranio, who is close to house A, approaches his master (1074) and therefore moves towards house B. Theopropides and Tranio are the only characters on stage and talk to each other both pretending that they know nothing.

Theopropides informs Tranio that he met Simo, whose house Philolaches supposedly purchased; Simo denied that he ever sold his house to Philolaches. Tranio repeatedly wonders how Simo could deny such a thing; in the exchange between the slave and his master the verb *negat* appears six times (1079, 1080, 1081, 1082, *negavit* 1083). The repetition of the term *negat* evokes the repetition of similar terms in the first scene alluding to the «trial». Theopropides also informs Tranio that Simo agreed to take an oath, and lend Theopropides his own slaves to cross examine them.[73]

---

of Tranio's position and thus throw into sharper relief his confidence in face of Theopropides».

73 It is significant that Theopropides' story about Simo's reaction does not differ much from his neighbour's actual reaction when Theopropides met him in the previous scene (IV.iii) and questioned him about house B. Yet, Theopropides is exaggerating when he speaks about Simo's oath and also distorts the truth in respect of his treatment of Simo's slaves; in fact, he will not cross examine them but employ them to catch Tranio.

Then Tranio suggests that his master should go to court with his neighbour: *quin †et illum in ius si ueniam†* (1089).[74] Aware that Theopropides is fooling him Tranio attempts to leave, but Theopropides stops him saying that he will examine Simo's slaves. Tranio proposes to his master to convince Philolaches to make a formal demand for the house: *hominem aedis iube mancupio poscere* (1091). Theopropides, on the other hand, insists on examining the slaves first: *quaestioni accipere seruos* (1092). The term *quaestio* belongs to the legal vocabulary and means interrogation where evidence is taken from slaves under torture.[75] The slave quickly perceives that things do not bode well for him and takes refuge on the altar nearby to avoid any harm. This altar has an important function in the development of the plot. Since the plot evolves around this altar from now on it is obvious that the actors continue performing in front of Simo's house until the end of the play.

Theopropides orders Tranio to step down, but the latter pretends that he is sitting on the altar to prevent Simo's slaves from taking refuge there, and thus, he will ensure that the interrogation of those slaves will not fall through: *hic ego tibi praesidebo, ne interbitat quaestio* (1096). In a clever move, Theopropides replies that he wants Simo's slaves to take refuge there so that the judge will award him damages: *tanto apud iudicem hunc argenti condemnabo facilius* (1099). Then, Tranio abandons his previous support for a trial and adopts the opposite position: he warns his master about the dangers involved in standing before a judge: *nescis quam metuculosa res sit ire ad iudicem?* (1101). When Theopropides orders his slave once again to step down, because he supposedly needs his advice, Tranio answers that sitting (*sedens* 1103) at a sacred place makes his advice more reliable. Duckworth explains that «[By] "sitting down" (*sedens*) Tranio means both "sitting at the altar" and "presiding at court"».[76]

---

74 Leo emended as follows: *Quin i cum illo in ius. sine inueniam.*

75 Cf. Merrill 1972, 107.

76 Duckworth 1971, 351.

A few lines later both Theopropides and Tranio abandon their pretence: the master openly accuses the slave of having made a fool of him and threatens to punish him most severely, whereas Tranio keeps on challenging his master with impudence by taking advantage of the safe location of the holy place.[77]

In this second scene alluding to the «legal» solution of the play, as in the first, the same two characters, Tranio and Theopropides, engage in a dialogue, assuming that in the first scene Misargyrides does not act during the dialogue of the two men. Furthermore, in both scenes Tranio is already on stage before his master, who appears later, coming, as he says, from a meeting with the previous owner of either house A or B. Theopropides and Tranio discuss a similar subject: the question of validity of Tranio's story about a house (A in the first scene and B in the second). In both cases Theopropides informs his slave that the proprietor of the house has denied all claims Tranio has made. Finally, in both scenes Tranio feigns surprise at the denial of the owners and suggests to his master to go to court with the owner of the respective house.

The major difference between the two mirror scenes is that in the second, although Tranio's schemes concerning the two houses have been revealed, both Tranio and Theopropides temporarily pretend that they know nothing. Thus, if in the first scene Theopropides was suspicious about Tranio's story that the previous owner of the house was a murderer, in the second he has been entirely convinced that the slave is lying. Thus, when Tranio realizes that his master is fooling him and plans to summon Simo's slaves to lynch him, he finally says that going to court is not a good idea after all. Besides, going to court with the previous owners of the houses is, in any case, out of the question for Theopropides, because he does know that Tranio has been lying to him. Thus, at the end of the play, instead of an actual trial, a parody of trial between Theopropides and his deceptive slave will take place.

---

77 For Tranio's attitude, which is extremely impertinent here as well as in the «trial» at the end of the comedy, see Duckworth 1971, 84, 163-4, Segal 1987,

At this point it is useful to consider Callidamates' monologue upon his re-entry on stage.

Callidamates' monologue (V.ii, 1122-9)

In the last scene of the play Callidamates appears for a second time on stage coming from a wing-entrance or more probably from the *angiportum*.[78] The audience expects the entrance of Philolaches, since Theopropides had ordered Tranio to summon him (928), but Callidamates enters the *skene* instead. Actually before approaching Theopropides and Tranio, who are engaged in a heated conversation, Callidamates informs the audience about the purpose of his re-entry, which seems to be at odds with his previous appearance on stage in scenes I.iv and II.i.[79] In the latter scene he acted as a drunkard who was completely incapable of perceiving the seriousness of the situation provoked by Theopropides' unexpected return and was even ready to raise his weapons (*arma capiam* 384) against the old man. Now he is sober (*somno sepeliui omnem atque obdormiui crapulam* 1122) and claims that he is ready to commit himself to a peaceful reconciliation between Philolaches and his father (*conciliarem pacem* 1127). This remarkable change in Callidamates' attitude can be elucidated when set against Tranio's schemes.

The audience recalls that Tranio had assumed responsibility for things during the party, in a chaotic condition, when Philolaches was panic stricken and Callidamates was too drunk to offer any help and was annoying everybody instead.[80] It is worth noting that Callidamates sleeps

---

157-61.

78 This second appearance of Callidamates on stage (as well as Tranio's appearance at v. 1041) is motivated by Tranio's information that he led the people out of house A from a back door (v. 930, 1044-6).

79 See Merrill, 1972, xxiv.

80 Cf. Anderson 1993, 46: «But the sodalis is too drunk to be able to stand, let alone offer any help when the father suddenly comes home; and it is the intrepid slave Tranio who steps into the breach, takes charge (like a patron, a senator, and

while Tranio weaves his intrigues and wakes up when the latter's lies have been exposed. Thus, Tranio's actions lead to the δέσις of the plot, while Callidamates, sober and in full consciousness, is the main agent of its λύσις.

Callidamates substitutes for Tranio who has failed in his role of protecting Philolaches from his father more than temporarily. Tranio's failure in the eyes of Philolaches and his group is proved by his exclusion from their company (1050), and also by the fact that Philolaches was again frightened regardless of Tranio's efforts (1125).[81] While Tranio had volunteered to help Philolaches in a crisis, Callidamates was selected (*datus* 1126) by the same company (the «council of the *senatus*» 1049-50) to represent Philolaches. In contrast to the slave, who resorted to trickery and deception in order to keep his master away from house A (*faciam... / non modo ne intro eat, uerum etiam ut fugiat longe ab aedibus* 389-90), the youth will try to open this house for Theopropides. Callidamates' invitation to dinner should be assessed in the light of this intention.

References to dinner by Simo and by Callidamates (IV.iii, 1004-9 and V.ii, 1129-34 respectively)

Scholars have pointed out that both references to dinner, which Callidamates and earlier Simo make to Theopropides, are based on the custom of offering dinner to those recently returned from a long journey.[82] There is a special term that defines this meal: *cena adventicia.*[83] In

---

a general on campaign), to delay the moment of truth and to transfer the father's wrath from the son to himself at the end».

81 Even when Tranio was in charge of things and Philolaches was obedient to the slave, the youth had expressed eloquent misgivings about the outcome of his schemes: *ei mihi! quom istaec blanda dicta quo eueniant madeo metu* (395).

82 See Sonnenschein 1907, 136, 142, and Merrill 1972, 105, 108. Segal 1987, 157-8, considers that Callidamates' invitation to dinner pertains to «the traditional comic finale, the dinner party».

83 For this term and many other passages from Plautus where this dinner occurs see Nisbert and Hubbard 1975, 401.

Mostellaria these references to dinner appear in a couple of mirror scenes. Moreover, besides their denotation as customary tributes to travellers just back from abroad, they acquire a connotation arising from their dramatic context.

Thus, Simo's references to dinner have to do with his own marital problems. When he and Theopropides meet each other on stage for a second time and Theopropides mentions that he has just come back from abroad, Simo shows his reluctance to invite the other *senex* to dinner, obviously because he has in mind the disastrous consequences of the dinner which his wife had prepared for him. So when he says to Theopropides that he cannot invite him to dinner in his house because he has another obligation elsewhere (*promisi foras, / ad cenam ne me te uocare censeas* 1004-5), Simo does not merely excuse himself, but also shows that he is troubled by his wife. This second meaning is made clearer within the next lines. When Theopropides, in surprise, reassures Simo that he does not ask for such a thing, Simo hurries to arrange a dinner for himself in Theopropides' house (!) the next day: *uerum cras, nisi <qui> prius / uocauerit me, uel apud te cenauero* (1006-7).[84] Theopropides is not interested in offering a dinner (1008).

As I have already implied, Callidamates' invitation functions as a *captatio benevolentiae.*[85] It indicates the beginning of his plea to forgive Philolaches for his conduct. Thus, immediately after greeting Theopropides, Callidamates hurries to make the invitation: *hic apud nos hodie cenes, sic face* (1129). Theopropides rejects the invitation (*de cena facio gratiam* 1130) and Callidamates insists: *quin uenis?* (1131). Then Tranio intervenes saying humourously that he could go to the dinner in place of his master, thereby indirectly expressing his desire to escape from his master. Theopropides is furious. Callidamates suggests to

84 Merrill 1972, 105, commenting on *apud te* notes that «the suggestion must be partially serious; recall what Simo thinks of his home life in lines 690 ff.».

85 It may be of some significance that Callidamates acts like Tranio who tried to be nice to the other *senex*, Simo, when he approached him and asked for his help to

Theopropides to stop dealing with Tranio and repeats his invitation for a third time: *tu ad me ad cenam* (1134). Tranio advises his master to accept the invitation, but he does not say anything. Callidamates' persistent appeals show that he does not simply intend to offer a customary dinner to Theopropides. He is also expressing his desire, shared by Philolaches, to open the house to him.

In both of these two mirror scenes having as subject Theopropides' invitation to dinner, Theopropides himself is ironically not in the mood for dinner. Some differences, however, between them can be seen both in Tranio's appearance on stage in the second scene, and in the exploitation of the customary welcome dinner: Callidamates' invitation is designed to win over Theopropides, whereas Simo not only avoids to make an invitation to the latter, but also tries to get himself invited to his neighbour's house. It is also noteworthy that Simo's references to dinner occur the second time the *senes* meet each other and not when he had originally welcomed Theopropides. Simo's omission of this customary invitation during their first meeting emphasizes his eagerness to leave his house.

So much for dinners. Let us examine now how Callidamates handles the situation and wins the case for Philolaches and Tranio.

Tranio on «trial» (V.ii)

Besides the two previously examined mirror scenes which prepared the ground for a trial, the interpretation that the play ends with a trial-parody is further supported by the abundant presence here of legal vocabulary.[86] As

---

face Theopropides. This resemblance reinforces the argument that Callidamates substitutes for Tranio.

86 Except for the «legal» phrases quoted in this chapter, the following expressions are «legal» too: *filium corrupisse aio te meum* (1138), *fateor* (1139), *orator catus* (1142), *iudicare* (1143), *captio* (1144), *orator* (1162), *cunctam gratiam* (1168), *remitte quaeso hanc noxiam* (1169), *mitte quaeso istum* (1172), *noxiam* (1177), *commeream aliam noxiam* (1178), *abi inpune* (1180).

in the case of the siege-parody, now, similarly, the proper term, *lis,* which reveals what is going on, is found in Theopropides' words (1144).[87] Before meeting Theopropides and Tranio, Callidamates has already characterized himself as a *datus orator* (1126), an appointed advocate, who will speak on behalf of Philolaches.[88]

Tranio exhorts his master to present his case before Callidamates whom he identifies in legal terms as an arbitrator for both parties: *nunc utrisque disceptator eccum adest, age disputa* (1137). Tranio's stance here is congruous with that in the two mirror scenes alluding to the «trial», in which he suggested to Theopropides to go to court to solve his problems with the previous owners of the houses. This time Theopropides accepts Tranio's proposal. Later, Callidamates takes Tranio's position on the altar presumably in order to judge.[89] In the ensuing «trial» Theopropides charges Tranio at first for the corruption of his son (1138). Afterwards the *senex* makes another accusation against Tranio, that the latter made a fool of him: *me ludificatust* (1147). Theopropides considers that the deception

---

87 Allowing for the parodic treatment of military and legal vocabulary, it may be of some interest to note a brief parodic use of religious imagery, as well. As soon as Theopropides appears on stage for the first time, he expresses his gratitude to Neptune for letting him arrive safely home. It is a usual motif in literature, for a traveller, upon returning home, to thank the gods for his safe return. For instance, Agamemnon in the homonymous tragedy by Aeschylus greets the gods of Argos with this purpose: πρῶτον μὲν Ἄργος καὶ θεοὺς ἐγχωρίους / δίκη προσειπεῖν, τοὺς ἐμοὶ μεταιτίους / νόστου (810-2). Theopropides, however, thanks Neptune for having helped him not to be alive, but to be *hardly* alive: *uix uiuum* (432). The *senex* continues his «prayer» by saying that he is not going to put his foot on the water again. His trust on Neptune has been exhausted: *apage, apage te a me nunciam post hunc diem! / quod crediturus tibi fui omne credidi* (436-7).

88 Segal 1987, 158 holds that Callidamates intends to «plead the cause of the young lover Philolaches»; moreover he states, p. 159, that the finale of the play and particularly Tranio's pardon granted by Theopropides is dramatically weak and repeats other analogous Plautine scenes of which «the Mercury-Sosia agon in the *Amphitruo* is the classic instance». Frangoulidis 1997, 70-1 has appropriately characterized Callidamates as Philolaches' defence advocate; see also *OLD, sv. orator,* 2a. Blume 1997, 11 says that Plautus presents also Tranio «einen wortgewandten Intriganten als *orator*»(1142).

Tranio played upon him is most serious.[90] Thus, the focus shifts from the issue of Philolaches' corruption by Tranio to that of Theopropides' being duped by the same character with the schemes about the two houses.

Theopropides at the end of the «trial» absolves both Philolaches (who is absent) and Tranio. Callidamates' mediation is the cause for these acquitals. Callidamates makes a speech in defence of Philolaches emphacizing the fact that Philolaches' friends and not Theopropides will pay off all the debts. So, Theopropides forgives his son and even allows him to continue living as he did, before his very eyes! Callidamates pleads persistently with the *senex* to give pardon also to Tranio, who finally is allowed to go unpunished (1180). Callidamates actually acted also as Tranio's advocate because the latter had asked him to do so: in an earlier aside Tranio had asked Callidamates to represent him and speak in his favour (*fac ego ne metuam <mihi atque> ut tu meam timeas uicem* 1145). Tranio's aside echoes his earlier aside to the audience in line 558, in the first scene alluding to the «trial», when he said that his master should find a judge who would believe his own words.

It should be noted that during the «trial», Tranio, despite his unpleasant position, keeps mocking his master, asks Callidamates to represent him and generally continues to be at the centre of attention. The «trial» actually determines what will happen to Tranio from here onwards. As far as this is concerned, Callidamates does not essentially dislodge him from his prominent role in the plot, but rather tries to help the slave out in his difficult predicament.

It is a rule in Plautine Comedy that the slave is not punished for his schemes,[91] and also that son and slave are pardoned together.[92] In *Mostellaria* such a pardon is given through a «trial» in which the slave is

---

[89] Callidamates' desire to sit on the altar has to do with his judging the case. Similarly, Tranio had earlier said that by sitting at a holy place he is wiser and his advice is more reliable (1103-4).

[90] This is the meaning of the corrupted line 1146, if we accept the supplement supported by Camerarius and Ritschl.

[91] See Segal 1987, 137 ff.

[92] See Parker 1989, 246.

accused mainly of duping his master. What is more, Philolaches' and Tranio's forgiveness by Theopropides will clear the way for the entrance of the *senex* in house A. Theopropides finally reconciles himself to the life in this house, since he does not have to pay the damages. It is clear that what matters more to him is not the danger of the new morals inherent in the Greek life-style, but the expenses that have to be incurred for it. Since someone else is going to pay them, Theopropides is content. The audience can identify with Theopropides' acquiescence towards the way of life in house A but for a different reason: they empathize with the couple Philolaches and Philematium for their role as the young lovers in a Greek-type comedy, and also because the young man is in love with a girl endowed with some of the Roman values of a *matrona*.

* * *

From the foregoing discussion it becomes clear that the plot articulation of *Mostellaria* is immediately related to its stage division. The first half of the play evolves entirely around Theopropides' house and the second is enacted mainly in front of Simo's house. By exploiting the contrasting values which the two houses represent, and the stage articulation Plautus composes the play and produces comic effect. The symmetrical arrangement of the plot is further enhanced by the parallelism of mirror scenes: four siege-parodies, a couple of scenes alluding to the «trial» at the end of *Mostellaria,* a couple of scenes about invitations to dinner. I have discussed in detail all mirror scenes in order to show that Plautus often produces laughter by divising ingenious variations on a basic, usually parodic, scene-model. All these mirror scenes are linked with the houses: both houses are under «siege»; the suggestions for trial concern the validity of Tranio's schemes regarding the two houses; the first invitation to dinner refers to Simo's house, while the second refers to Theopropides' house.

The last act of the play contains a trial-parody in which the legal imagery substitutes for the military imagery used in each of the other four preceding acts. Thus, instead of another «siege» a «legal», i.e. a peaceful, procedure puts things in order. This «trial» is related to the two houses, since Tranio is accused of scheming against his master with respect to them. Theopropides' forgiveness signals the end of his attack on house A and its new values which in I.iii have proved a mixture of Greek and Roman ideology. Callidamates actually brings peace, as he had promised, by convincing the *senex* to show mercy. His peaceful and logical means of persuasion are not only contrasted to Tranio's schemings but also to his own behaviour earlier in the play, when he had appeared drunk and ready to attack Theopropides in military terms. All the preconditions for Theopropides' entrance in his house have been met as a result of Callidamates' efforts. Only poor Simo, the other *senex*, has been left to feel exiled from his own house.[93]

Bibliography

Anderson, W.S. 1993. *Barbarian Play: Plautus' Roman Comedy.* Toronto.

Beare, W. 1977. *The Roman Stage.* London (First edition 1950.).

Blume, H.-D. 1978. *Einführung in das antike Theaterwesen.* Darmstadt.

Blume, H.-D. 1997. «*Vir malus dicendi peritus:* Von wortgewandten Komödiensklaven», in Czapla, B.T. Lehmann and S. Liell, *Vir*

[93] I owe sincere thanks to S.A. Frangoulidis for his continuous encouragement during the shaping of this paper and for his most useful comments. I am also grateful to Dr. H.-D. Blume who read my manuscript aftentively and suggested several improvements. I would finally like to thank my husband S.N. Philippides and the anonymous reader of *Drama* for their editorial and other comments.

bonus dicendi peritus: Festschrift für Alfons Weische zum 65. Geburtstag. Wiesbaden.

Brown, P.G.McC. 1995. «Aeschinus at the Door: Terence *Adelphoe* 632-43 and the Traditions of Graeco-Roman Comedy», in Brock R. and A.J. Woodman, *Roman Comedy, Augustan Poetry, Historiography*. Leeds. 71-89.

Culler, J. 1975. *Structuralist Poetics: Structuralism, Linguistics and the Study of Literature*. London.

Damen, M. 1992. «Translating Scenes: Plautus' adaptation of Menander's *Dis Exapaton*.» *Phoenix* 46: 205-31.

Duckworth, G.E. 1971. *The Nature of Roman Comedy*. Princeton.

Fantham, E. 1972. *Comparative Studies in Republican Latin Imagery*. Toronto.

Fraenkel, E. 1960. *Elementi Plautini in Plauto*. Firenze. Translation by Franco Munari of *Plautinisches im Plautus*. Berlin. 1922.

Frangoulidis, S.A. 1997. *Handlung und Nebenhandlung: Theater, Metatheater und Gattungsbewußtsein in der römischen Komödie*. In: *Drama: Beiträge zum antiken Drama und seiner Rezeption*, 6. Stuttgart.

Grant, J.N. «Plautus, *Mostellaria* 301.» *CR* 24: 182-3.

Grimal, P. 1976. «La maison de Simon et celle de Theopropides dans la Mostellaria». in: *Melanges offerts à J. Heurgon*. Vol. 1. Rome. 371-86.

Hunter, R.L. 1985. *The New Comedy of Greece & Rome*. Cambridge.

Leach, E. Winsor. 1969. «*De exemplo meo ipse aedificato:* An Organizing Idea in the *Mostellaria*.» *Hermes* 97: 318-32.

Lowe, J.C.B. 1985. «Plautine Innovations in the *Mostellaria* 529-857.» *Phoenix* 39: 6-26.

MacCary, W.Th. and Willcock, M.M. 1976. *Plautus: Casina*. Cambridge.

Mariotti, I. 1992. «La prima scena della *Mostellaria* di Plauto.» *MH* 49: 105-23.

Merrill, F.R. 1972. *Titi Macci Plauti: Mostellaria. Edited with Introduction, Notes and Vocabulary*. London.

Nixon, P. 1980. Loeb Classical Library: *Plautus*, vol. III. Translation. (First edition 1924.)

Nisbet, R.G.M. and Hubbard, M. 1975. *A Commentary on Horace: Odes, Book 1*. Oxford. (First edition 1970.)

Parker, H. 1989. «Crucially Funny or Tranio on the Couch: The *servus callidus* and Jokes about Torture.»: *TAPA* 119: 233-46.

Sonnenschein, E.A. 1907[2] *T. Macci Plauti Mostellaria. Edited with Notes Explanatory and Critical*. Oxford.

Schuhmann, E. 1977. «Der Typ der *Uxor Dotata* in den Komödien des Plautus.» *Philologus* 121: 45-65.

Segal, E. 1987. *Roman Laughter: The Comedy of Plautus*. Cambridge Mass. (First edition 1968.)

Slater, N.W. 1985. *Plautus in Performance*. Princeton.

Slater, N.W. 1993. «Improvisation in Plautus» in G. Vogt-Spira (ed.), *Beiträge zur mündlichen Kultur der Römer*. Tübingen.

Taplin, O. 1977. *The Stagecraft of Aeschylus*. Oxford.

Taplin, O. 1978. *Greek Tragedy in Action*. Berkeley.

Terzaghi, N. 1929. *T. Maccio Plauto. La Mostellaria*. Torino.

Williams, G. 1958. «Some Aspects of Roman Marriage Ceremonies and Ideals.» *JRS* 48: 16-29.

Wright, J. 1974. *Dancing in chains. The Stylistic Unity of* Comoedia Palliata. Rome.

Theatre and spectacle in Apuleius' tale of the robber Thrasyleon (*Met.* 4.13-21)

Stavros A. Frangoulidis, Crete

> *litteras adfingimus, ut venationis suae primitias bonus amicus videretur ornando muneri dedicasse.*
>
> *„[w]e forged a letter to make it appear that he, as a goodfriend, had dedicated the first fruits of his hunt to embellish the show"*
>
> (4.16).[1]

Scholars have often drawn attention to theatrical features in Apuleius' tale of the robber Thrasyleon *(Metamorphoses* 4.13-21).[2] However, no systematic examination of the tale from a theatrical perspective has been undertaken.

In Apuleius' tale, the bandit Thrasyleon takes on the disguise of a bear as part of the robbers' elaborate stratagem to enter the house of the rich Demochares and rob it. In doing so, the robbers set in motion the events that lead to Demochares' planned *munus gladiatorium,* designed to remove criminals from society: Thrasyleon's pursuit in the bear's disguise, first by Demochares' servants, and then, by the savage dogs in the streets re-enacts the wild beast hunt, *venatio,* and the *obiectio* of criminals *ad bestias,* respectively, while his fight for survival evokes the gladiatorial

---

1 The Text of the *Metamorphoses* is from the Teubner edition of Helm 1968. All English translations of Apuleius' text are from the Loeb edition of Hanson 1989.

2 Tatum 1969, 505; also Tatum 1979, 49. Hijmans Jr. *et al.* 1977, 122-23, *s.v. prorsus bestiam factum;* and Shumate 1996, 66-67.

contest of the *munus* proper.[3] This representation of Thrasyleon's acting through imagery reminiscent of a typical *munus gladiatorium,* is facilitated by his three distinct roles: beast, criminal and gladiator. As the story develops and Thrasyleon's roles change, so do the roles of the narrator as participant in the events of his homodiegetic narrative:[4] first as the scheme's co-author, then as stage director/actor and, finally, as spectator adopting the point of view of the robber Thrasyleon and then commenting on his acting. This rich pattern of performance features in the narrative also helps cast the narrator as performer/author, „producing", so to speak, his own „spectacle" as he delivers his tale to his own audience of colleagues and, by extension, the audience of the novel.

Accordingly, in this paper Apuleius' robber tale of Thrasyleon is discussed from the perspective of its performance. The theatrical approach is fruitful in two ways: (i) it suggests that Demochares' splendid preparations for his forthcoming *munus gladiatorium,* are neatly fulfilled in the narrator's tale of Thrasyleon's performance of the bear's role, in contrast to the prevailing view that these preparations have no results within the tale's action;[5] (ii) it casts the narrator as author, „producing" his own „spectacle" as he delivers his tale to his audience, incorporating features that allude to theatrical performance. In so doing, the narrator intends to commemorate the death of his colleague; but he may also be

---

3 Cf. Habinek 1990, 64-65. Although Habinek briefly points out that Thrasyleon in the final moments of his life re-enacts the three types of spectacles, he arrives at a different assessment of the event:
„He is first and foremost an actor, committed to maintaining the *persona* he has adopted. But in his thrust and parry of his combatants through specific schemes and patterns (*variis corporis sui schemis ac motibus*: 4.20) he plays the part of a gladiator who participates in an elaborate patterned series of movements. Finally, in succumbing to the chasing of the dogs and the impaling with spears, Thrasyleon figures as the victim of a *venatio*, a beast hunted and felled before the eyes of all" (p. 64-65).

4 For a definition of the term, see Hijmans Jr. *et al.* 1995, 11.

5 Scholars assume that Demochares' splendid preparations for his planned spectacle are not fulfilled within the tale's action. See, e.g. Habinek 1990, 65:
„the narrator of Thrasyleon's downfall never saw the exhibition Demochares was preparing, but his vivid and sympathetic account of Thrasyleon's performance give some sense of the informed pleasure he might have derived from it."

seen as enhancing his own standing among his fellow-citizens, one of whom had earlier chided him for the failed attempt of his group to plunder towns of Boiotia and for the death of two other eminent leaders, in addition to that of Thrasyleon. In this way, the narrator may be seen as analogous to the *munerarius* Demochares who produces his own spectacle in order to increase his social standing among his fellow-citizens at Plataea.

I

First, some remarks about methodology are in order. In the narrative of the novel the use of such terms as „theatre" and „spectacle" may be considered far-fetched. The theatrical element, however, becomes clear in the level both of the tale's discourse and its delivery to an internal audience of fellow-colleagues, the robbers, and, by extension, us, the audience of the novel.

At the level of the tale's delivery, the narrator's technique of presenting his story to his audience of intimates may help bring it closer to the type of tale which sociolinguists define as „performed story" and/or „performed narrative." Wolfson offers the fullest exposition of this approach: „performed stories" *must* be told to an audience of intimates and *must* have a viewpoint.[6] Thus the narrator acts out his story as he delivers it to his audience. An audience which does not share the teller's values may arrive at a different assessment of events from that which the narrator intends. In this sense, the interpretation of the tale is conditioned by the cultural and social context of its audience. Wolfson has isolated several additional features that performed stories share with theatrical performances: (a) *direct speech; (b) asides; (c) repetitions; (d) motions & gestures;* and (e) *alternation of the conversational historical present with*

[6] Wolfson 1982, 23-30.

the past tense.[7] The presence of several of the above features in a tale could help define it as a „performed story" and/or „performed narrative."

At the level of discourse, Greimas' structural model of actants, which acknowledges theatricality in narratives, may offer a useful interpretive tool for assessing the tale from a theatrical perspective. The robbers construct a scheme in order to enter Demochares' house and rob it. According to Greimas, the theatrical dimension of the scheme is manifested in its enactment.[8] In intertextual terms, Thrasyleon's performance serves as a brilliant parody of Vergil's tale of the Trojan Horse in *Aeneid* 2, but it is adapted to a new literary context of helping his fellow-colleagues to gain admission to the house of a rich man and then plunder it.[9] Demochares is preparing to stage a magnificent gladiatorial spectacle in order to please the crowds at Plataea, but the production of this spectacle is prevented by the death of all of his bears due to their captivity, summer heat and the outbreak of a sudden epidemic.

In Greimasian terms, the robbers' stratagem acquires the function of a narrative program (NP I).[10] In this program Thrasyleon plays the bear's role as part of the bandits' stratagem to enter Demochares' house for plunder. Demochares' preparations for his forthcoming *munus gladiatorium* may also be viewed as a narrative program (NP II). The bear

---

7 Wolfson 1982, 25.

8 Ricoeur 1989, 594.

9 See Frangoulidis 1991, 95-111. For parodic resonances of Sinon's speech in Vergil's *Aeneid* 2 and, by extension, the Fall of Troy not only in the tale of Thrasyleon, but also in Risus Festival, the plot of Psyche's sisters and the tale of Tlepolemus/Haemus, see now Finkelpearl 1998, Chapters 2 and 3. For echoes of Vergil and Lucretius, see Graverini 1996, 171-87. For the presence of theatrical elements in Sinon's speech in *Aeneid* 2, see Paschalis 1997, 106-07. The author treats the characters who appear in Sinon's speech to the Trojans from the semantic point of view as „masks" for Sinon himself.

10 Greimas 1990, 45-46. According to Greimas, „a polemical structure (here, of course, the term is not accompanied by any value judgement) itself takes two forms (ultimately to be combined). Sometimes it represents a *syntagmatic doubling* of the cognitive discourse, presenting, in succession, the story of a failure, then the story of success" (p. 45). See also Greimas 1970, 172-75; Greimas and Courtés 1979, 270-72, *s.v. performance.* For an analysis of the

then plays two distinct roles in two different programs: (i) as means to gain admission to a rich man's house and plunder it; and (ii) as offering the missing „element" in Demochares' forthcoming spectacle. In the performance proper the robbers' program (NP I) „intersects" with Demochares' program (NP II). In this „intersection" of two distinct performances, the bear/Thrasyleon ironically fills the missing parts of Demochares' *munus* and thus sets it in motion within the tale's action. In the enactment of this spectacle Thrasyleon is ultimately killed. Thus Thrasyleon is punished for his crime. Demochares' *munus* may also be seen as fulfilling the social function of Roman spectacles, designed to distribute justice, by staging the death of criminals or other despicable individuals.[11] In this way, it may be argued that the *Thrasyleon* tale exhibits a theatrical design both at the level of its delivery and its discourse, precisely as Wolfson and Greimas have defined this theatricality in narratives.

II

The *Thrasyleon* narrative involves the robbers' stratagem to enter the house of the *munerarius* Demochares and plunder it. The robbers arrive at Plataea and hear a rumor about a rich man, Demochares, who was preparing to produce a public entertainment, equal in splendor to his wealth: *digno fortunae suae splendore publicas voluptates instruebat,* „he was preparing a public entertainment of a brilliance to match his fortune" (4.13). Thus Demochares fulfills the meaning of his name, which is a compound term of the nouns *demos* and *charis*, and connotes „dear to people".[12] Demochares offers a different kind of pleasure to the robbers when they hear the rumor about his abundant wealth.

---

carpet scene in Aeschylus' *Agamemnon* and the conflict of two Greimasian types of „narrative programs" (NP), see Philippides 1984.

11 Coleman 1990, 56.

12 Forcellini, s.v. *Demochares,* vol. V, 472.

The narrator then describes the elaborate preparations in Demochares' house for the production of his spectacle. Demochares uses his wealth to buy bears because of the good entertainment which these animals offer to the crowd. The situation, however, develops in a negative way as all of Demochares' bears have died. Thus far the sight of bear carcasses in the streets at Plataea is the only „spectacle" which Demochares offers to his fellow-citizens. Several poor people gather around the bear carcasses in order to obtain free meat to feed themselves.[13]

The narrator and Babulus see this grim „spectacle" and come up with a clever plan (*subtile consilium* 4.14), to select the biggest bear carcass and prepare its hide for their upcoming stratagem to enter Demochares' house and then plunder it. The robbers who eat the bear's meat and prepare its hide for their scheme appear in the same position with the poor people who were earlier presented as gathering around the dead animals to obtain free stakes. Babulus then disappears from the sequence of the tale's narrative, presumably because the robbers' stratagem requires a man of action. At this narrative-juncture, the narrator, in addition to his role as the scheme's co-author, also takes on the role of a director and then a spectator when the scheme is played out. Details of this *consilium* are found in the oath which the robbers take together (4.14):

> ut unus e numero nostro, non qui corporis adeo, sed animi robore ceteris antistaret, atque is in primis voluntarius, pelle illa contectus ursae subiret effigiem domumque Democharis inlatus per opportuna noctis silentia nobis ianuae faciles praestaret aditus.
>
> „one of our company, who should outrank his fellows in courage even more than in physical strength, and above all be a volunteer, was to conceal himself in that skin and take on the likeness of a bear; after he had been brought into Demochares' house, he was to take advantage of the still night and provide us with an easy entrance through the door."

The robbers' plan calls for a person who must be valiant in strength and must have courage. Above all, this person must be a volunteer. In the

---

[13] Kyle 1998, 193, observes that „[t]he paucity of meat in the normal diet of the urban plebs probably meant that almost every bit of edible non-human flesh was eaten up."

„audition" several robbers express a desire to take on the likeness of the beast. By unanimous approval, however, the robbers select Thrasyleon to take on the bear's part. The decision is most appropriate because Thrasyleon is not only strong but also has courage, thus fulfilling the meaning of his name which implies „daring lion."[14] Thrasyleon, who takes the oath, *sacramentum* (4.14), along with his fellow-robbers and volunteers to undertake the risk, seems to be taking a kind of a gladiatorial oath, *auctoramentum,* to endure all kinds of punishment and even death by an iron weapon.[15] Gladiators who bound themselves by oath were professionals and fought in the arena for a pay. In this respect, they differ from other types of gladiators who took part in spectacles to display their martial prowess.[16] The binding power of Thrasyleon's oath accounts for his conduct at the closing of the tale. It further provides an explanation for the narrator's comments on the absence of *fides* in the world except in the society of the robbers (4.21: *nullam fidem in vita nostra repperiri, quod ad manis iam et mortuos odio perfidiae nostrae demigravit,* „loyalty is nowhere to be found in this life, because she has gone among the ghosts now and the dead, out of disgust at our disloyalty.") Evidence external to the tale also helps characterize Thrasyleon as gladiator: later, in Book IV, the robbers' captive girl Charite twice identifies the thieves as gladiators, *horrendum gladiatorum populum,* „horrible gang of gladiators" (4.24) and *cum inruptionis subitae gladiatorum fit impetus ad belli faciem saeviens, nudis et infestis mucronibus coruscans,* „when suddenly a gang of gladiators came bursting in, fierce with the look of war, brandishing their bared and hostile blades" (4.26).

The enactment of the robbers' plan requires Thrasyleon's donning the bear skin and assuming the likeness of the beast (4.15):

> Thrasyleonis caput subire cogimus parvisque respiratui circa nares et oculos datis foraminibus fortissimum socium nostrum prorsus bestiam

---

[14] For this etymological play, see Frangoulidis 1991, 109, and further bibliography there.

[15] For gladiators and their oath, see Hopkins 1983, 24.

[16] Edmondson 1996, 107.

factum inmittimus caveae modico praestinatae pretio, quam constanti vigore festinus inrepsit ipse.

„[w]e forced Thrasyleon's head right up to the edge of the beast's throat through the hollowed-out neck, gave him some small holes around his nose and eyes for breathing, and put our dauntless comrade-totally turned beast-in a cage, which we had purchased beforehand fairly cheap. With resolute vigour he eagerly ambled into it unaided.“

Thrasyleon's covering himself with the hide may be interpreted as a mask. In his assumption of the bear's role, the robber is, in fact, metamorphosed into a beast: *prorsus bestiam factus.* His transformation becomes clear from the use of the particle *prorsus,* which belongs to the specialised vocabulary that describes metamorphosis.[17] Technically, this metamorphosis becomes possible as the robbers carefully prepare the dead animal's hide in order to make it look real (4.14). However, Thrasyleon's metamorphosis blurs the distinction between fictional reality and illusion to the extent that it is almost impossible to distinguish between the two, the narrator and those of the audience who share his authorial view notwithstanding. The subsequent identification of the robber in dual terms as Thrasyleon[18] and as a bear/beast[19] is explained by the narrator's double role as author of his „performed story“ and as a participant in the *bear* scheme. In the former the narrator narrates events from an authorial point of view, while in the latter he strives to maintain the illusion of his scheme.

The robbers then expand on their scheme. They purchase a cage and put Thrasyleon into it. They also forge a letter of Demochares' friend, Nicanor, from Thrace and attach it to the cage in order to make the bear appear as a gift of his friend. In their scheme the robbers seem to take advantage of the present situation in every perspective. First, they supply Demochares with a bear which he desperately wants because all of his own bears have died (4.14: *nam diuina captivitate fatigatae simul et aestiva flagrantia maceratae, pigra etiam sessione languidae, repentina correptae*

[17] See notes 2 and 5, above.

[18] 4.18; 4.20 (two times) and 4.21 (twice).

[19] 4.16; 4.17; 4.20 and 4.21.

pestilentia paene ad nullum redivere numerum, „[t]he bears, exhausted by their lengthy heat, and listless from their sedentary inactivity, were attacked by a sudden epidemic and had their numbers reduced almost to nothing"). Secondly, the bandits who buy a cage in which they put Thrasyleon, thus rounding off the theme of his metamorphosis into a beast, appear to mimic Demochares' condemned criminals who at the outset of the tale were presented as building towers to put beasts in them for Demochares' planned display (4.15: *fortissimum socium nostrum prorsus bestiam factum inmittimus caveae modico praestinatae pretio, quam constanti vigore festinus inrepsit ipse,* „and [we] put our dauntless comrade-totally turned beast-in a cage, which we had purchased beforehand fairly cheap" = *confixiles machinae, subliciae turres structae tabularum nexibus ad instar circumforaneae domus, floridae picturae, decora futurae venationis receptacula,* „[t]here was also an articulated contrivance made of wood, towers formed of scaffolding rather like houses on wheels, coloured with gay paintings, ornamental cages for the beasts to be hunted" 4.13).[20] Finally, the bandits who forge a letter of Demochares' friend Nicanor in order to make the false bear appear as his gift for the spectacle recall Demochares' other friends who at the opening of the tale were presented as vying with one another to send to him their animals as their gifts and thus earn his favour (4.16: *litteras adfingimus, ut venationis suae primitias bonus amicus videretur ornando muneri dedicasse* , „ [w]e forged a letter to make it appear that he [i.e. Nicanor], as a good friend, had dedicated the first fruits of his hunt to embellish the show" = *nam praeter domesticis venationibus captas, praeter largis emptionibus partas amicorum etiam donationibus variis certatim oblatas,* „[i]n addition to those hunted and captured by his own staff and those acquired by expensive purchases, others had been presented to him by friends vying with one another in their various gifts" 4.13). This doubling of the tale's plot in the form of a fictive scheme supports the interpretation

[20] The narrative of the activities of the criminals in Demochares' house is a complicated one. I follow the reconstruction of the imagery, as offered by

of Thrasyleon's performance as a representation of Demochares' planned spectacle.[21]

The performance of the scheme begins at nightfall presumably in order to avoid detection *(provecta vespera,* „late in the evening" 4.16). The robbers present the cage with the bear/Thrasyleon to Demochares along with Nicanor's false letter. In this context, the house acquires the function of an inner stage where Thrasyleon's performance takes place. Demochares gladly accepts Nicanor's false gift and expresses his amazement both at the extraordinary size of the animal and the generosity of his friend who alleviates him in his sorrow for the loss of all his bears (4.16): *qui miratus bestiae magnitudinem suique contubernalis opportune liberalitate laetatus,* „[h]e was so amazed at the size of the beast and delighted by the timely generosity of his comrade." Thrasyleon's metamorphosis into a beast makes the scheme's detection almost impossible. Demochares also orders his slaves to give money to the robbers for the joy they give him in his present despair. At the outset of the tale, Demochares is presented as having spent a large part of his inheritance to buy enormous bears (4.13): *totis utcumque patrimonii viribus immanis ursae comparabat numerum copiosum,* „he employed the total resources of his inheritance to collect a large band of enormous bears." In retrospect, Demochares' acquisition of Nicanor's false bear allows the interpretation of the spectacle as having been produced within the tale's narrative, in contrast to the prevailing view that his magnificent preparations for his forthcoming *munus* have no results within the tale's action.[22] The subsequent gathering of people to admire the large animal is in agreement with the public display of animals before the *munus* proper.[23] Furthermore, the reference to Thrace as the bear's origin is in accord with the tendency of producers to strive for novelty in their shows, by

---

Westendorp Boerma and Hijmans Jr. 1974, 409-12.

21 For a definition of the term, fictive scheme, see Frangoulidis 1997, 5-7.

22 See note 5, above.

23 Wiedemann 1992, 59, points out the posting of inscriptions as forms of advertisement of the novel features in gladiatorial displays.

introducing in the arena animals from distant places. In intratextual terms, this reference to Thrace also points forward to Charite's groom, Tlepolemus, who later, in Book VII, assumes the disguise of the notorious bandit Haemus from Thrace. Hence, an implicit association is established between the Thrasyleon/bear and pseudo-Haemus, making the latter a representation of the former.[24]

This acquisition of the false bear increases Demochares' social status as his fellow-citizens come to see the large animal and praise him as *felix* and *beatus* (4.16). In his role as the bear's owner, Demochares orders his slaves to take the beast to its park, but the narrator intervenes and advises him to select an open and well-ventilated place within the house (4.17):

> 'quin potius domus tuae patulum ac perflabilem locum, immo et lacu aliquo conterminum refrigerantemque prospicis? an ignoras hoc genus bestiae lucos consitos et specus roridos et fontes amoenos semper incubare?'
>
> „'[i]nstead why not look around your house for an open, well-ventilated area? Better yet a place next to some pool, which would be cooling. Or don't you know that this type of beast always has its lair in thick groves and moist caves and near pleasant springs?'"

In this advice the narrator takes into consideration the earlier loss of Demochares' bears due to their inactivity, heat and the outbreak of the epidemic, thus enhancing the scheme's believability. Demochares agrees with the narrator's suggestion and allows the robbers to put the animal in a place of their choice, but he turns down their subsequent offer to spend the night with the beast because his slaves are experts in feeding bears (4.17):

> 'nihil indigemus labore isto vestro', respondit ille, 'iam paene tota familia per diutinam consuetudinem nutriendis ursis exercitata est'.
>
> „'[t]here is no need for you to take that trouble,'" he answered. „'By now nearly all my staff have had plenty of practice in feeding bears.'"

---

24 For the similarities between the tale of Thrasyleon and pseudo-Haemus, see Frangoulidis 1994, 337-48.

Demochares' reply contains an element of comic irony, as earlier these same slaves were unable to prevent the death of all his bears. After this exchange Demochares does not appear in the narrative, in stark contrast to the tale's narrator who is present in the performance and attempts to alter its course when it gets out of hand.

At the level of the tale's delivery, the narrator's use of direct speech as he recounts the exchange between Demochares and himself serves as an indication of acting out the roles of various characters, thus adding an element of authenticity to his narrative.

The narrator then proceeds to narrate the activities of the robbers, both inside and outside the house. The robbers withdraw to a neighbouring funeral monument and prepare the coffins as storage boxes for their booty.[25] Later at night, Thrasyleon comes out of the cage when everybody is in deep sleep, kills the sleeping guards and the doorkeeper, opens the doors, joins with his comrades and shows them the treasury. The narrative that deals with events taking place both inside and outside the house may be interpreted as an aside, because it discloses information that takes place „off-stage", thus allowing the tale's audience to perceive the theatricality of Thrasyleon's act.

Thrasyleon's coming out of his cage, however, signals his overstepping the limits of his role and marks the shift from the performance of the robbers' *bear* scheme to that of Demochares' *munus gladiatorium.* In this change of performances the robbers' scheme (NP I) becomes part of Demochares' forthcoming *munus* (NP II). This spectacle is composed of a *venatio,* the *objectio* of criminals *ad bestias* and the *munus* proper. The change of performances should not serve as an obstacle for advancing this view because the Romans did not draw a

---

[25] The sight of the funeral monument evokes the scene of the dead bears, lying all over the streets of Plataea (4.18: *monumentum quoddam conspicimur procul a via positum,* „a tomb located in a remote and hidden spot far from the road" = *passim per plateas plurimas cerneres iacere semivivorum corporum ferina naufragia,* „[y]ou could see the animal wreckage of their moribund carcasses lying scattered in most of the streets" (4.14).

distinction between theatre and arena-staged spectacles but considered them both as varied forms of popular entertainment.

Furthermore, Thrasyleon's performance of the bear's role may also be read as fulfilling the social function of Roman spectacles, intended to distribute justice by removing criminals from society. In Roman spectacles, as Coleman argues, criminals were condemned to mythological performances as the last debt they owed humanity, i.e. to entertain the crowd.[26] These performances offered criminals a unique opportunity of winning the spectators' sympathy, depending on their skill as actors, and thus of being given a chance for their acquital. In this context, Thrasyleon's performance may be read as re-enactment of the mythological role of the Trojan Horse as means of punishment for his crime of entering Demochares' house in disguise for plunder.[27] In the re-enactment of his mythological role Thrasyleon fails to earn the sympathy of his spectators (the narrator and those who share his point of view not withstanding) and thus ultimately dies.

This development is realized when a slave-boy sees the bear running loose within the house. Instead of running for his safety, this slave wakes up everyone from his sleep. The narrator reveals his failure to understand

---

26 Coleman 1990, 56.

27 There is an element of *talio* in the punishment of Thrasyleon. A similar *talio* is seen in the narrative that precedes the death of *Thrasyleon* (4.9-12) and involves the deaths of the robbers' leaders Lamachus (4.9-11) and Alcimus (4.12). In the narrative of Lamachus' death, Lamachus leads an attack against the house of the rich money exchanger, Chryseros. The watchful Chryseros, however, nails Lamachus' hand to the door as he tries to release the lock and enter the house. Then Chryseros runs to the roof to seek neighbour help. Having no other alternative his fellow robbers cut off Lamachus' arm and subsequently run away in terror. The brigand sees no value in prolonging his life now that his most valuable arm is cut off and thus puts an end to his life.

In the narrative of Alcimus' death (4.12), Alcimus who enters an old woman's house and throws her possessions out of the open window is himself thrown out of it: the old woman tricks the robber into bending down in order to verify her claims that he is not in fact throwing her possession to the neighbouring yard. The old woman then takes advantage of the bandit, leaning through the open window, and comically throws him out of the window with a shove in the back. Alcimus falls down and meets a bizarre death. Thus the punishment of the robber mirrors his crime.

the reaction of the slave-boy, who is not frightened by the sight of the huge animal running loose in the house, and assigns it to a divine plan (*divinitus* 4.19). Those of the tale's audience and/or readers, who disagree with the narrator's interpretation of the event, may witness here the fulfillment of Demochares' earlier reference to the experience of all members of his *familia* in taking care bears (4.17).

Structurally speaking, the development of events in this *venatio* mirrors their sequence in the robbers' *bear* scheme. The two performances begin in an almost identical way. The narrator and Babulus see corpses of bears lying in the streets at Plataea, while the slave-boy wakes up from the noise and sees the false bear running loose in the house. The noise in the house must be considered as one of the „non-scripted" elements of Thrasyleon's acting. Furthermore, in both episodes, action takes place immediately after the event. Then the two robbers inform their comrades about their plan, while the slave-boy rushes off to wake up all members of Demochares' household. The similarities between the two episodes, however, are intended to reinforce the stark contrast between them and, in turn, explain their diametrically opposite outcome as performances within the tale's action. The robbers devise their elaborate stratagem and Thrasyleon carries it through *alone*. The slave-boy, on the other hand, attempts to involve in this *venatio all* members of Demochares' *familia* without resorting to cunning. This contrast is determined by the difference on a generic level between theatre and arena-staged spectacle: the former requires the performance of a role, while the latter demands the display of pure martial prowess.

Accordingly, *all* members of Demochares' hunting assistants run after the beast carrying *all* kinds of torches and weapons along with the hunting dogs. The light of the torches takes away from the robbers the advantage to carry through their plan in darkness. The audience recalls that the robbers planned their attack on Demochares' house during the moonless hour of the night when everybody was in deep sleep: *ex disciplina sectae servato noctis illunio tempore, quo somnus obvious impetu primo corda mortalium validius invadit ac premit,* „[t]hen, following the rules of our profession, we watched for that moonless time of night when sleep comes strongest with its first attack to invade and subdue mortal hearts“ (4.18). The scheme's director changes into a mere spectator of Demochares' *venatio.* This notion becomes clear from the presence of first person verbs which direct attention to seeing: *prospicio* (4.20) and *aspexi* (4.20). In his role as spectator the narrator praises Thrasyleon as he attempts to ward off the attacks of the hunting dogs *(mire canibus repugnantem* 4.20) and further directs attention to the theatrical dimension of his gestures and movements as he tries to maintain the illusion of his role (4.20):[28]

> scaenam denique, quam sponte sumpserat, cum anima retinens nunc fugiens, nunc resistens variis corporis sui schemis ac motibus tandem domo prolapsus est.
>
> „[a]s long as he hung on to life, he hung on to the role he had volunteered to play. Sometimes retreating, sometimes making a stand, varying the postures and movements of his body, he finally slipped out of the house.“

Thrasyleon's successful acting helps him come out of the house, thus emphasizing that his survival entirely depends on the success of the performance of his role. His exiting the house, while mirroring his earlier release from the cage, also signals his withdrawal from the space where his performance was expected to take place. In this external space, itself a reflection of the space of an arena-staged spectacle, Thrasyleon cannot maintain his role. He is literally thrown *ad bestias* when several other savage dogs join in this hunt from the neighbouring alley, thus taking the place of Demochares' condemned criminals in his planned display.[29] The similarities between Thrasyleon and Demochares' offenders support the interpretation of the former as a representation of the latter. In his role as

---

28 Prescott 1911, 348; Hijmans Jr. *et al.* 1977, 151, *s.v. variis corporis sui schemis ac motibus;* and Shumate 1996, 67.

29 This alley should not be confused with the one appearing on a comic stage. See Hijmans Jr. *et al.* 1977, 153, *s.v. de proximo angiportu,* who defend this view.

spectator „on-stage" the narrator sees Thrasyleon being torn apart by packs of savage dogs and defines the spectacle as pitiful *(miserum),* and deadly *(funestum).* Those of the audience, however, who do not share the narrator's interpretation of the events may interpret this spectacle as an *objectio* of a criminal *ad bestias* in a typical *munus gladiatorium.* This spectacle is designed to stir up emotions of horror by staging the slaughter of savage animals and/or the execution of criminals for the entertainment of the crowd. The narrator's subsequent intervention in the event is intended to save Thrasyleon from death and, by extension, his scheme from failure: *'et extremum flagitium, magnam et vere pretiosam perdimus bestiam',* „'[s]hame!' I cried. 'It's a monstrous crime! We are destroying a large and really expensive animal'" (4.20).[30] A review of the narrator's earlier successful instructions to his comrades inside Demochares' house to take gold and silver and then repeat their trip (4.18) reveals his present failure to persuade the leaders of the hunt to refrain from killing the animal because he is not the producer of this spectacle. In the re-enactment of his mythological role, Thrasyleon fails to win the sympathy of his attackers, his own audience „on-stage", notwithstanding the tale's narrator, and thus he is ultimately killed.

This development takes place when a tall and strong fellow comes out of the house and throws his spear into the bear's heart, fatally wounding Thrasyleon. The circumstances of the robber's death meet the definition of a gladiatorial spectacle. Wiedemann defines a gladiatorial combat „as bringing death to (one of) the combatants; but it can equally be seen as giving a condemned man an opportunity to regain his physical and social life."[31] Moreover, the fellow who fatally wounds Thrasyleon is tall and strong, like the valiant Thrasyleon, and thus fulfills the gladiatorial rule in which a combatant is expected to fight a worthy opponent.[32] In terms of the tale's intratextuality, Thrasyleon's death with a lance (4.21) evokes his own killing of the two guards and the doorman with a sword

30 Hijmans Jr. *et al.* 1977, 155, s.v. *perdimus.*
31 Wiedemann 1992, 120.

after coming out of his cage (4.18). His admirable performance in the last moments of his life earns the praise of the narrator (4.21):

> enimvero Thrasyleon egregium decus nostrae factionis tandem immortalitate digno illo spiritu expugnato magis quam patientia neque clamore ac ne ululatu quidem fidem sacramenti prodidit, sed iam morsibus laceratus ferroque laniatus obnixo mugitu et ferino fremitu praesentem casum generoso vigore tolerans gloriam sibi reservavit, vitam fato redditit.
>
> „[t]hat illustrious pride of our band never betrayed his soldier's oath by crying out or even screaming. Though torn by teeth and ripped with steel, he continued to growl and roar like an animal, as he bore his present misfortune with noble constancy. He won glory for himself, although he surrendered his life to Fate.“

In this passage Thrasyleon continues to emit animal growls, behaving like a beast. In doing so, Thrasyleon honours his oath, just like professional gladiators who used to bind themselves with an oath and received their wounds without uttering a cry. And, just as gladiators maintained their glory as performers in the arena long after their death, Thrasyleon is presented here as gaining glory as a performer in the spectacle despite his death.

Although Thrasyleon is dead, the illusion of the performance is maintained. Later the next morning a butcher, albeit timidly, approaches the dead animal to collect meat and feed Demochares' wild beasts. Structurally speaking, the butcher's arrival to collect meat evokes the earlier gathering of poor people around the bear carcasses in order to collect free meat and feed themselves. The connection is reiforced as the image of the dead Thrasyleon disguise as bear in the street evokes that of the dead bears lying all over the streets of Plataea. This butcher then cuts into the beast's belly and pulls out the robber from it (4.21):
utero bestiae resecto ursae magnificum despoliavit latronem, „[the butcher] cut open the animal's belly, stripping the magnificent robber of his bearskin.“ The imagery is surely that of a metaphorical birth. After all, the term, *ursa*, is feminine in gender. Thus the butcher brings to fulfillment the

---

[32] For the procedure see Wiedemann 1992, 118.

narrator's earlier reference to the fate of Demochares' condemned criminals, destined to become food for beasts in his planned spectacle (4.13): *generosa illa damnatorum capitum funera,* „these noble sepulchres for the condemned men." In theatrical terms, the butcher „unmasks" Thrasyleon's performance, exposing the scheme's theatricality and at the same time identifying the spectacle of the robber's death as *munus gladiatorium.* In doing so, the butcher also declares the triumph of Demochares' spectacle over the robbers' staged *consilium.*[33] Thrasyleon, then, who volunteered to take on the bear's role in the robbers' scheme to rob Demochares' house, himself ironically falls victim to the butcher's „robbery", when the latter discloses the former's identity, concealed in the animal's hide. The exposure of illusion allows the participants in this spectacle to perceive the theatricality of both the *bear* scheme and the *munus gladitorium,* unlike the tale's audience, both fictive and actual, who were able to enjoy them as distinct type of performances all along.

III

From the foregoing analysis it becomes clear therefore that the representation of Thrasyleon's performance of the bear's role with imagery reminiscent of a gladiatorial spectacle supports its interpretation along the lines of Demochares' magnificent preparations for his forthcoming *munus gladiatorium.* Hence, there is an obvious element of irony as Thrasyleon takes the place of Demochares' condemned criminals and meets their fate, a view which is confirmed by the order of the enacted events. By the Julio-Claudian period, gladiatorial contests were preceded by a *venatio* and the *obiectio* of criminals *ad bestias,*[34] just as Thrasyleon's death follows his pursuit in the bear's disguise, first by Demochares' slaves and the wild-dogs *(venatio)* and then his throwing ad *bestias.* In this fashion, the full

---

[33] On the definition of the term *counter-theatricalization,* see Frangoulidis 1997, 8-9.

program of a typical *munus gladiatorium* is neatly reproduced in the narrative of Thrasyleon's performance of the bear's role. Clearly, this reading is assisted by Thrasyleon's three distinct identities: beast, criminal and gladiator. Furthermore, Thrasyleon's change of roles, as the performance develops, conditions the narrator's own change of roles as participant in his own tale: first as the scheme's co-author, then as director/actor and, finally, as spectator commenting on Thrasyleon's acting.

As we have also seen in this essay, the narrator's presentation of his story to his audience, incorporating features that allude to a theatrical performance, helps cast him as a performer/author, „reproducing" the spectacle all over again for his audience. The manifest function of this performance, like that of a *munus gladiatorium,* is to honour the robbers' dead colleague. It may also be seen as designed to increase the narrator's own standing in the eyes of his colleagues because of the failure of his group's attempt to enter Demochares' house and plunder it. In this sense, the tale may be seen as exhibiting a theatrical design both on the level of its discourse and its delivery to its internal audience and, by extension, the audience of the novel, precisely as Greimas and Wolfson have defined this theatricality in narratives.[35]

---

34 Wiedemann 1992, 55; Edmondson 1996, 77.

35 In relation to the larger frame narrative, Thrasyleon's assumption of the bear's role and in fact his transformation into a beast recalls Lucius' own metamorphosis into an ass. In his metamorphosis Lucius undergoes several adventures as he passes from one master to another. At the end of Book X, Thiasus, the ass's new owner, makes arrangements for his performance in a *munus* to copulate in public with a convicted murderess, thus re-enacting the *Pasiphae* mime. In relation to the *Thrasyleon* tale the ass appears in the role of the robber Thrasyleon. The similarity, however, directs attention to a stark contrast between them: whereas Thrasyleon honours his oath and performs his *bear* role, Lucius leaves the packed arena and runs away to Cenchreae, fearing that his copulation with the convicted murderess will bring about his death; and whereas Thrasyleon surrenders his life to fate, Lucius later, in Book XI, regains his human form through Isis' intervention. For a brilliant discussion of the mime of Paris' judgment in the arena, see Zimmerman-de Graaf 1993, 143-61.

A version of this paper was presented at the 20th GCN, on 22-24 May, 1997. I wish to express my thanks to the audience of the colloquium; to S.J. Hasrrison,

The narrator's vivid presentation of the tale to the audience compensates for the absence of a description of Demochares' planned spectacle. The narrative strategy seems to be entirely successful: the narrator reaffirms his authority in the eyes of the tale's fictive audience, the robbers, and thus „answers“ the accusations of one of the thieves who had earlier chided him for the failure of his group to plunder the towns of Boiotia as well as for the death of Thrasyleon along with their two other eminent colleagues. This notion becomes clear later, when the robbers at the closing of the tale collectively pour a libation to honour the memory of their dead colleagues, sing prayers to their patron deity, Mars, and then depart for another expedition. In this respect, the narrator who „produces“ his „spectacle“ as he narrates the tale of Thrasyleon's death with the expectation of restoring his reputation in the eyes of his fellow-robbers may be seen in a position similar to the *munerarius* Demochares who prepares to stage his splendid spectacle at Plataea and thus increase his social status. The actual spectacle is not presented within the tale's narrative, but it may be seen as having been admirably reproduced through the narrator's presentation of Thrasyleon's performance of the bear's role.

Bibliography

Coleman, K.M. 1990. „Fatal Charades: Roman Executions Staged as Mythological Enactments.“ *JRS* 80: 44-73.

Edmondson, J.C. 1996. „Dynamic Arenas: Gladiatorial Presentations in the City of Rome and the Construction of Roman Society During the Early Empire.“ In: *Roman Theater and Society*. Edited by William J. Slater, Ann Arbor: The University of Michigan Press, 69-112.

M.C. Pantelia, S.N. Philippides, A.C. Scafuro and Y.Z. Tzifopoulos for their useful comments; and, finally, to Maaike Zimmermann-de Graaf for her warm hospitality at Groningen and for her subsequent written response to a draft of this work.

Finkelpearl, E.D. 1998. *The Metamorphosis of Language in Apuleius: A Study of Allusion in the Novel.* Ann Arbor: The University of Michigan Press.

Forcellini, A. 1965. *Lexicon totius Latinitatis.* Vols VI. Patavii: Typis Aldinianis.

Frangoulidis, S.A. 1991. „Vergil's Tale of the Trojan Horse in Apuleius' Robber-Tale of Thrasyleon." *PP* 46: 95-111.

Frangoulidis, S.A. 1994. „Self-Imitation in Apuleius' Tale of Tlepolemus/Haemus and Thrasyleon." *Mnemosyne* 47: 337-348.

Frangoulidis, S.A. 1997. *Handlung und Nebenhandlung: Theater, Metatheater und Gattungsbewusstsein in der römischen Komödie* Stuttgart: J.B. Metzler.

Frangoulidis, S.A. 1999 (a). „*Scaena feralium nuptiarum:* Wedding Imagery in Apuleius' Tale of Charite *(Met. 8.1-14).*" *AJP* 120 (forthcoming).

Frangoulidis, S.A. 1999 (b). „*Cui videbor veri similia dicere proferens vera?*: Aristomenes and the Witches in Apuleius' Tale of Aristomenes." *CJ* 94: 375-91.

Graverini, L. 1996. „Apuleio, Vergilio e la 'peste di Atena'. Note ad Apul. *met.* IV 14." *Maia* 48: 171-187.

Greimas, A.J. 1970. *Du sens. Essais sémiotiques.* Paris: Editions du Seuil.

Greimas, J.A. 1990. *The Social Sciences: A Semiotic View.* Minneapolis: University of Minnesota Press.

Greimas, A.J. and J. Courtés 1979. *Sémiotique. Dictionnaire raisonné de la théorie du langage.* Paris: Hachette.

Gunderson, E. 1996. „The Ideology of the Arena." *CA* 15: 113-149.

Habinek, T. 1990. „Lucius' Rite of Passage." *MD* 25: 49-69.

Hanson, J.A. (tr.) 1989. *Apuleius' Metamorphoses.* Loeb. Cambridge Mass.: Harvard University Press.

Helm, R. (ed) 1968. *Apulei Platonici Madaurensis opera quae supersunt. Metamorphoseon libri IX.* Leipzig: Teubner.

Hijmans Jr., B.L. *et al.* 1977. *Apuleius Madaurensis Metamorphoses Book IV. 1-27.* Groningen: Boekhuis.

Hijmans Jr., B.L. *et al.* 1995. *Apuleius Madaurensis Metamorphoses Book IX.* Groningen: Forsten.

Hopkins, K. 1983. *Death and Renewal.* Cambridge: Cambridge University Press.

Kyle, Donald G. 1998. *Spectacles of Death in Ancient Rome.* London and New York: Routledge.

Paschalis, M. 1997. *Semantic Relations and Proper Names.* Oxford: Clarendon Press.

Philippides, S.N. 1984. *A Grammar of Dramatic Technique: The Dramatic Structure of the Carpet Scene in Aeschylus' Agamemnon.* Ph.D. Diss. University of California, Irvine: The University Microfilm Incorporation.

Plass, P. 1995. *The Game of Death in Ancient Rome.* Madison: University of Wisconsin Press.

Prescott, H.W. 1911. „*Marginalia* on Apuleius' *Metamorphoses.*" *CP* 6: 345-350.

Ricoeur, P. 1989. „Greimas' Narrative Grammar." *New Literary History* 20: 581-608.

Rosati, G. 1997. „Racconto e interpretazione: forme e funzioni dell'ironia drammatica nelle *Metamorfosi* di Apuleio." In: *Der antike Roman und seine mittelalteriche Rezeption.* Edited by M. Picone and B. Zimmermann. Basel and Boston: Birkhauser, 107-127.

Shumate, N. 1996. *Crisis and Conversion in Apuleius' Metamorphoses.* Ann Arbor: The University of Michigan Press.

Tatum, J. 1969. „The Tales of Apuleius' *Metamorphoses.*" *TAPA* 100: 487-529.

Tatum, J. 1979. *Apuleius and the Golden Ass.* Ithaca and London: Cornell University Press.

Westendorp Boerma R.E.H. and B.L. Hijmans Jr. 1974. „*Apuleiana Groningana III.*" *Mnemosyne* 27: 406-412.

Wiedemann, T. 1992. *Emperors and Gladiators*. London and New York: Routledge.

Wolfson, Nessa 1982. *The Conversational Historical Present in American Historical Narrative*. Dordrecht and Cinnaminson: Foris Publications.

Zimmerman-de Graaf, M. 1993. „Narrative Judgement and Reader Response in Apuleius' *Metamorphoses* 10.29-34. The Pantomime of the Judgement of Paris." *Groningnen Colloquia on the Novel* 5: 143-161.

Das Orpheusgedicht von Boethius und dessen Pendant bei (Pseudo-)Seneca

Ludwig Bernays, Zürich

Unter den Vorläufern oder möglichen Vorbildern des der Orpheussage gewidmeten Gedichts 3.12 in der Consolatio Philosophiae des Boethius sind die Orpheus-Erzählungen in Chorliedern der beiden unter dem Namen Senecas überlieferten Herkulesdramen von besonderer Bedeutung. Dabei ist eine direkte Beeinflussung des Boethius beim Orpheus-Text in Hercules furens (Vv. 569-591) unbestritten, während beim Chorlied Vv. 1031ff. in Hercules Oetaeus[1] der Zusammenhang mit dem Orpheus-Gedicht des Boethius als unsicher gilt. So stellt O'Daly fest: „It cannot be demonstrated that Boethius knew and used Hercules Oetaeus"[2]. Bei näherer Untersuchung scheint nun allerdings gerade jenes Chorlied in Hercules Oetaeus das wichtigste Vorbild des Boethius'schen Orpheusgedichts zu sein – soweit bei der durchaus souveränen, mehr wetteifernden als nachahmenden Gestaltungsweise des Boethius von einem Vorbild im üblichen Sinn gesprochen werden kann.

Die Übereinstimmungen zwischen dem Orpheusgedicht in der Consolatio Philosophiae und demjenigen in Hercules Oetaeus betreffen sowohl die Gesamtanlage der Texte wie Einzelheiten des Versbaus und des Wortlauts. Zunächst sind beide Gedichte – wie auch O'Daly hervorhebt – in ähnlicher Weise in einen philosophischen Kontext eingebettet; in beiden kommt zu dem als exemplum dienenden narrativen Hauptteil ein lehrhaft-moralisierender Rahmen- bzw. Anhangsteil hinzu. Bedeutsam ist gewiss auch, dass beide Gedichte in Glykoneen gehalten und überdies – wenn in Hercules Oetaeus nur die mit dem Zurückbleiben Eurydikes in der Unterwelt endigende eigentliche Erzählung betrachtet wird – nahezu exakt

[1] Zur umstrittenen Autorschaft dieser zweiten unter dem Namen Senecas überlieferten Herkules-Tragödie soll hier nicht Stellung genommen werden.

[2] G. O'Daly, The Poetry of Boethius, London 1991, S. 195

gleich lang wie auch auffallend ähnlich gegliedert sind. Während das Gedicht des Boethius 58 Glykoneen umfasst, erstreckt sich der erzählende Text in Hercules Oetaeus über die 59 Verse H.O.1031-1089. Dies sind ebenfalls genau 58 Glykoneen: durch den Pherekrateus *tunc oblita veneni* (H.O.1060) wird der Erzählungsteil des Chorlieds in zwei Hälften zu je 29 Glykoneen geteilt – eine in der Oberwelt spielende erste und eine in der Unterwelt spielende zweite Hälfte. Ganz ähnlich ist das Gedicht des Boethius durch den einzigen mit kurzer Silbe beginnenden, die Geschehnisse in der Unterwelt einleitenden Vers 29 *stupet tergeminus novo* (zum Staunen des Cerberus passt der Überraschungseffekt des iambischen Versanfangs nach 28 „normalen" Glykoneen) in zwei annähernd gleichlange Teile geteilt: einen 28 Glykoneen umfassenden Anfangsteil und einen 29 reguläre Glykoneen (ohne Vers 29) umfassenden Endteil. Diese zweiteilige Gliederung ist nun bei Boethius überlagert durch eine ebenso klare, durch Texteinschnitte nach den Versen 19 und 39 bewirkte Gliederung in drei annähernd gleichlange Teile: einen die Einleitung und die Vorgeschichte enthaltenden ersten Hauptteil von 19 Versen, einen bereits in der Unterwelt spielenden, eher handlungsarmen Mittelteil von 20 Versen und ein das eigentliche Drama in der Unterwelt sowie die Schlussbemerkung („Fabula docet") enthaltendes letztes Textdrittel von wiederum 19 Versen.

In ähnlicher Weise wie in Hercules Oetaeus sind im Orpheus-Gedicht des Boethius die in der Ober- und in der Unterwelt vollbrachten Wundertaten des Orpheus in je zwei auf die beiden Texthälften verteilten Katalogen aufgezählt. Der Oberweltskatalog umfasst bei Seneca den grössten Teil der ersten Hälfte der eigentlichen Orpheus-Erzählung, nämlich die 25 Verse H.O.1036-1060, in denen in eher planlos wirkender Reihenfolge[3] von der Bezauberung des Wassers, des Waldes, der Vögel, des Bergs Athos, der Kentauren, des Schnees, der Dryaden und schliesslich fünf verschiedener nicht geflügelter Tierarten (Schaf, Löwe,

[3] Von verschiedenen Kommentatoren wurde versucht, diesen Textabschnitt durch Versumstellungen und Athetesen neu zu ordnen.

Reh, Wolf, Schlange) die Rede ist. Bei Boethius ist der entsprechende Katalog wesentlich knapper gehalten. Er folgt nicht wie bei Seneca auf sieben, sondern auf sechs einleitende Verse und umfasst zunächst die Verse 7-13, die von sechs Wundertaten berichten. Dabei sind die Objekte der Bezauberung in ähnlicher Weise zu Paaren zusammengefasst (Wälder-Flüsse, Hirsch-Löwen, Hase-Hund) wie bei Seneca die Tiere am Ende des Oberweltskatalogs. Ebenfalls ist die in jenem Katalog gegebene Reihenfolge bei Boethius grosso modo eingehalten; auf die den Wundertaten gewidmeten sieben Verse lässt aber Boethius sechs weitere Verse folgen, in denen von der fehlenden Wirkung des Gesangs auf Orpheus selber die Rede ist (Vv.14-19).

Ähnlich charakteristische Uebereinstimmungen und Unterschiede wie zwischen den beiden Oberweltskatalogen bestehen zwischen den Unterweltskatalogen der beiden Gedichte. In Hercules Oetaeus umfasst dieser zweite Katalog die offensichtlich – wie von den meisten Kommentatoren festgestellt – in fehlerhafter Reihenfolge überlieferten Verse 1065-1080, die mit einiger Wahrscheinlichkeit wie folgt anzuordnen sein dürften:

et tristes Erebi deos
vicit nec timuit Stygis
iuratos superis lacus.
auditum quoque navita[4]
inferni ratis aequoris
nullo remigio venit.
tunc primum Phrygius senex
undis stantibus immemor
excussit rabidam sitim
nec pomis adhibet manus.
haesit non stabilis rota
victo languida turbine;
increvit Tityi iecur
dum cantu volucres tenet;
et vinci lapis improbus
et vatem potuit sequi.

[4] Entgegen Miller, der diesen Vers in der Version Birts *audis tu quoque, navita* wiedergibt (F.J.Miller, Seneca Tragedies, London 1987), dürfte die von Richter vorgeschlagene obige Lesart mit *auditum* (1.Supinum) zutreffend sein.

Bei dieser Anordnung folgt auf das Personal der Unterwelt die mit *tunc primum* (diese Worte leiten auch in Ovids Erzählung von Orpheus in met. 10,45 einen Umschwung ein) einsetzende traditionelle Reihe der Frevler Tantalus, Ixion, Tityos, Sisyphus; dabei spielt in der ersten Texthälfte ähnlich wie im Anfangsteil des Oberweltskatalogs das Wasser (*lacus, aequor, undae*) eine Rolle, während die Reihe der Frevler der den Oberweltskatalog abschliessenden Tierreihe zu entsprechen scheint. Bei Boethius umfasst der Unterweltskatalog zunächst die Verse 29-39, in denen ebenfalls auf das Personal des Tartarus (Cerberus, Eumeniden) die Reihe der Frevler – hier ohne Sisyphus – folgt. Dabei erinnern insbesondere die Verse über Tityos

vultur dum satur est modis
non traxit Tityi iecur

deutlich an die Verse H.O.1077f. (gemäss obiger Textanordnung), die ihrerseits durch die Horazverse c.3,4,77f. *incontinentis nec Tityi iecur / reliquit ales* beeinflusst sein dürften. Während auf die Tityos-Verse in Hercules Oetaeus – sofern die obige Textanordnung richtig ist – als abschliessender Höhepunkt die Bezauberung oder Bezwingung des Sisyphus-Steins folgt (*vinci potuit*), schliesst sich bei Boethius an die Tityos-Verse der Bericht über die Bezwingung Plutos

tandem "vincimur" arbiter
umbrarum miserans ait

an, wobei es sich um ein fast wörtliches Zitat aus Hercules furens handelt (H.F. 582 *tandem mortis ait „vincimur" arbiter*). Mit Einschluss dieser Verse über die Bezauberung Plutos ist nun bei Boethius der Unterweltskatalog gleich lang wie der Oberweltskatalog einschliesslich der Verse 14-19; allein schon durch diese Uebereinstimmung sind die beiden Kataloge bei Boethius deutlicher parallelisiert als bei (Pseudo-)Seneca, wo der erste Katalog 25, der zweite Katalog bloss 16 Verse umfasst. (Vermutlich hätte es bei Senecas Theater- bzw. Hörerpublikum[5] Missfallen erregt, wenn auf den breit angelegten, teils in verwirrenden Einzelheiten sich verlierenden ersten Katalog ein ebenso weitschweifiger zweiter Katalog gefolgt wäre. Bei Boethius hingegen zeichnet sich gerade der Oberweltskatalog – ohne die Verse 14-19 – durch Einfachheit, Klarheit und Beschränkung auf das Wesentliche aus.)

Auffallend ist nun, dass in Hercules Oetaeus der Unterweltskatalog mit den Göttern beginnt, während Boethius diesen Katalog bei sonst ähnlicher Reihenfolge mit dem *arbiter umbrarum* abschliesst. Diese Anordnung entspricht zweifellos der Logik des Handlungsablaufs in der Erzählung des Boethius: die Bezauberung Plutos zeigt Orpheus auf dem Höhepunkt seines Erfolgs und schafft erst die Voraussetzung für den Fortgang der Handlung bis zum tragischen Ende. In Hercules Oetaeus spielt dagegen – im Unterschied auch zur Orpheus-Erzählung in Hercules furens – Pluto keine wesentliche Rolle: es sind hier die erst nach dem Unterweltskatalog genannten Parzen, die Eurydike ein zweites Leben gewähren. Die Anordnung bei Boethius hat aber auch die Konsequenz, dass der besiegte Herrscher der Unterwelt zu dem am Ende des Oberweltskatalogs stehenden, in seinem Kummer unbezwungenen *dominus* Orpheus (Vers 17) in Parallele gesetzt ist. Diese Parallele scheint durch rhythmisch-klangliche Uebereinstimmungen der auf Orpheus und auf Pluto sich beziehenden Verse 17 und 41 mit dem mittleren Vers 28 hervorgehoben zu sein: *mulcerent dominum modi – umbrarum dominos rogat– umbrarum miserans ait* (alle drei Verse sind durch Wortgrenzen nach den Silben 3 und 6 charakterisiert). Dabei dürfte zu beachten sein, dass sich die Verse 17 und 41 innerhalb des Gedichts symmetrisch gegenüberstehen und den gesamten Text annähernd im Verhältnis 2:3:2

---

5 Entgegen O. Zwierlein, der die Tragödien Senecas als blosse Lese- oder Rezitationsdramen auffasst, weist B. Zimmermann darauf hin, dass Senecas Tragödientexte der mit pantomimischen Darstellungen einhergehenden Aufführungspraxis seiner Zeit durchaus entsprachen (B. Zimmermann, Seneca

gliedern (17: 24: 17 Verse), während Vers 28 die erste Gedicht-"Hälfte" abschliesst. (Im übrigen erinnert Vers 28 zusammen mit Vers 27 an die Orpheus-Erzählung in Senecas Hercules furens 569f.: *immites potuit flectere cantibus / umbrarum dominos et prece supplici - et dulci veniam prece / umbrarum dominos rogat.* Der Asclepiadeus minor H.F.570 klingt dabei seinerseits an Horaz c.1,1,6 *terrarum dominos evehit ad deos* an; aber auch in Ovids Orpheus-Erzählung in den Metamorphosen beginnt Vers 10,16 mit den Worten *umbrarum dominum.*)

Vielleicht am deutlichsten zeigt sich die Abhängigkeit des Orpheus-Gedichts des Boethius von demjenigen in Hercules Oetaeus beim Vergleich der Tierreihen am Ende der beiden Oberweltskataloge. Das Besondere und Neuartige, das Boethius offenbar aus dem Tierkatalog in Hercules Oetaeus übernahm, liegt wohl in der Verbindung traditioneller Elemente der Orpheussage mit dem eher zu Erzählungen vom Goldenen Zeitalter passenden Topos vom friedlichen Zusammenleben sonst verfeindeter Tierarten. Dieser besondere Zug ist jedenfalls weder in der Orpheus-Erzählung in Hercules furens noch in den entsprechenden Erzählungen von Ovid, Horaz oder Vergil zu finden – wohl aber, unabhängig von der Orpheussage, in Vergils 4. Ekloge (V.22 *ubera nec magnos metuent armenta leones*) und in dem auf diesem Vers basierenden Vers des Horaz epo. 16,33 *credula nec ravos timeant armenta leones*[6]. Ganz ähnlich wie in Vergils 4. Ekloge, wo kurz nach der Erwähnung der Herdentiere und der Löwen die Schlange und die Giftpflanzen genannt

---

und der Pantomimus, in: G. Vogt-Spira, Strukturen der Mündlichkeit in der römischen Literatur, Tübingen 1990, 161-167).

6 Gegen die Priorität des Horazverses spricht die enge Vereinigung des Hexameters von Vergil mit dem vorangehenden Vers ecl. 4,21 *ipsae lacte domum referent distenta capellae (ubera),* wobei neben der die beiden aufeinanderfolgenden Verse verbindenden Begriffseinheit *distenta ubera* der Anklang *referent distenta - metuent armenta* zu beachten ist. Bekanntlich findet sich auch von diesem Vers ecl. 4,21 eine leicht abgewandelte Version in der 16. Epode des Horaz, aber in anderem Zusammenhang (Vv. 49f. *illic iniussae veniunt ad mulctra capellae / refertque tenta grex amicus ubera*). Dass Vergil zwei nicht zusammenhängende Stellen aus einem Gedicht seines Freundes Horaz herauspflückte, um sie zu einer neuen Einheit zu verschmelzen, ist äusserst unwahrscheinlich; gut denkbar ist dagegen der umgekehrte Vorgang.

werden (Vers 24 *occidet et serpens et fallax herba veneni*), folgen in Hercules Oetaeus auf die den Herdentieren und Löwen gewidmeten Verse 1056/57 die Verse 1059/60, in denen von der Schlange und deren Gift die Rede ist (*et serpens latebras fugit / tunc oblita veneni*).

Vergleicht man nun insbesondere die vier Verse H.O. 1056-59

iuxtaque inpavidum pecus
sedit Marmaricus leo
nec dammae trepidant lupos
et serpens latebras fugit

mit den Versen c.3,12, 10-13

iunxitque intrepidum latus
saevis cerva leonibus
nec visum timuit lepus
iam cantu placidum canem,

so springt die bis in Einzelheiten der Versstrukturen sich erstreckende Ähnlichkeit zwischen diesen beiden inhaltlich einander entsprechenden Textabschnitten in die Augen.[7] Schon die ungewöhnliche klanglich-rhythmische Feinstruktur des Verses H.O.1056 mit der charakteristischen Synaloephe zwischen den Silben 2 und 3 kehrt nur leicht variiert im entsprechenden Vers 3,12,10 des Boethius wieder. Da Boethius hier *intrepidum* statt *inpavidum* setzt, ist er offensichtlich genötigt, im übernächsten Vers *timuit* statt *trepidat* zu sagen – wobei *nec timuit lepus* immer noch deutlich genug an *nec trepidant lupos* anklingt. Selbst für den vom entsprechenden Vers des Boethius in formaler Hinsicht am meisten

---

7 Etwas weniger deutlich sind die Uebereinstimmungen zwischen den Versen H.O.1056-60 und den Versen 149-153 in Senecas Oedipus, in denen weder vom Goldenen Zeitalter noch von der Bezauberung der wilden Tiere durch Gesang, sondern vom Vitalitätsverlust aller Kreaturen die Rede ist:
non lupos cervi metuunt rapaces;
cessat irati fremitus leonis;
nulla villosis feritas in ursis;
perdidit pestem latebrosa serpens;

abweichenden Vers H.O. 1057 findet sich bei Boethius – zwar nicht im Orpheusgedicht, aber im ebenfalls glykoneischen Gedicht c. 4.3 – ein Pendant, nämlich Vers 11 *ille Marmaricus leo.* Bemerkenswert ist auch die Uebereinstimmung der durch Wortgrenzen nach den Silben 1, 3, 6 charakterisierten Feinstrukturen in den unmittelbar benachbarten Versen 3 und 4 beider Textabschnitte; die gleiche Anordnung der Wortgrenzen findet sich im Gedicht des Boethius sonst nur in den fünf Versen 25, 27, 31, 33, 39, während sie im Gedicht Senecas etwas häufiger vorkommt, so in den drei aufeinanderfolgenden Versen[8] H.O. 1052-54

et quercum fugiens suam
ad vatem properat Dryas.
ad cantus veniunt suis[9]*...*

An den letztgenannten Vers sowie an den ähnlichen Vers H.O. 1078 (nach obiger Textanordnung) klingt der letzte Vers der Tierreihe im Gedicht des Boethius deutlicher an als an den Vers mit der Schlange H.O.1059. Für das Weglassen der Schlange in der Reihe der bezauberten Tiere hatte Boethius – abgesehen von seinem durchgehend erkennbaren Streben nach Knappheit, Klarheit und Hervorhebung des dramatischen Ablaufs auf Kosten blosser Faktenaufzählung – wohl noch verschiedene spezielle Gründe: so passte das Kriechtier schlecht zu den vorangehenden zwei Paaren von Vierfüssern, ausserdem war Eurydike durch einen Schlangenbiss getötet worden. (Während das Gedicht des Boethius mit der Trauer des Orpheus über den Verlust der Gattin beginnt, ist in Hercules Oetaeus in der ersten Hälfte der Erzählung noch gar nicht vom Tod Eurydikes die Rede, sodass hier die Schlange kaum stören konnte.) Wundern könnte man sich allenfalls darüber, dass Boethius seine Reihe wilder Tiere statt mit der Schlange oder mit den Wölfen wie in H.O.1058

---

aret et sicco moritur veneno.

8 Ebenfalls in drei aufeinanderfolgenden Glykoneen findet sich diese Feinstruktur bei Boethius am Ende von c. 2.8: *o felix hominum genus / si vestros animos amor / quo caelum regitur regat.*

9 Die Lesart *suis* dürfte eher authentisch sein als die ebenfalls überlieferten Versionen mit *suos* oder *tuos.*

mit einem Hund abschliesst. Vielleicht dient dies der Ueberleitung zum zweiten Katalog, der bei Boethius mit dem Höllenhund beginnt – wie in Hercules Oetaeus die durch den Gesang bezauberte Schlange zu einem drei Verse später genannten weiteren musikalischen Reptil überzuleiten scheint (H.O.1063 *maerentem feriens chelyn*). Dieser dritte Vers der zweiten Hälfte der Orpheus-Erzählung in Hercules Oetaeus klingt im übrigen wohl nicht von ungefähr an den dritten Vers der ersten Texthälfte H.O. 1033 *aptans Pieriam chelyn* an: durch die Echobeziehung zwischen diesen beiden Versen (*– eriam chelyn – feriens chelyn*) ist die Gliederung des ganzen erzählenden Texts in eine der Oberwelt und eine der Unterwelt zugehörige Hälfte unterstrichen.

Ein Analogon zu dieser Echobeziehung lässt sich bei Boethius möglicherweise im Anklang zwischen den inhaltlich zusammengehörigen Versen 5 und 43 – dem fünften Vers des Anfangs- und dem vierten Vers des Enddrittels – erkennen: *quondam funera coniugis – emptam carmine coniugem.* Mit letzterem Vers verwandt sind offenbar auch die Verse 21 und 30 - der zweite Vers des Mittelteils und der zweite Vers der zweiten Text-"Hälfte": *chordis carmina temperans – captus carmine ianitor.* Insbesondere scheinen aber bei Boethius – wohl entsprechend der dreiteilig-symmetrischen Anlage seines Gedichts-Symmetriebeziehungen zwischen einzelnen Versen eine Rolle zu spielen. Aehnlich wie die einander annähernd symmetrisch gegenüberstehenden Verse 17 und 41 sind die Verse 22 und 35 (*quidquid praecipuis deae - velox praecipitat rota*) untereinander und mit dem zentralen Vers 29 durch eine Strukturverwandtschaft (Wortgrenzen nach den Silben 2 und 6) verbunden. Zu dieser Verwandtschaftsgruppe ist auch der zweitletzte Vers 57 *quidquid praecipuum trahit* zu zählen, durch dessen besondere Aehnlichkeit mit Vers 22 der Mittel- und der Endteil des Gedichts im Sinne einer Ringkomposition zusammengefasst zu sein scheinen. Wortgrenzen nach den Silben 2 und 6 weisen im Gedicht des Boethius schliesslich auch die Verse 6, 7 und 50 auf, in denen zum ersten und zum letzten Mal von

Orpheus die Rede ist (*vates Threicius gemens - postquam flebilibus modis - Orpheus Eurydicen suam*).

Die durch Wortgrenzen nach den Silben 2 und 6 bei choriambischem Mittelwort charakterisierte Feinstruktur des Glykoneus findet sich auch bei einigen von Boethius offenbar bewusst übernommenen Versen des Chorlieds in Hercules Oetaeus. So klingt schon der den Oberweltskatalog bei Boethius einleitende Vers 7 an H.O 1091 an: *postquam flebilibus modis - quaerens flebilibus modis* (wobei im Hintergrund wohl die Horazverse c.2,9,9 f. *tu semper urges flebilibus modis Mysten ademptum* stehen). Ebenso wahrscheinlich ist die Abhängigkeit des Verses 3,12,50 *Orpheus Eurydicen suam* von H.O.1087 *Orpheus Eurydicen sequi* (aber auch von H.F.571 *Orpheus Eurydicen dum repetit suam*) und diejenige des Verses 3,12,22 von H.O. 1095 (*quidquid praecipuis deae - quattuor praecipites deus*). In den Versen H.O. 1095 und 1096 wie schon in den die Person des Orpheus einführenden Versen H.O.1033 f. (*aptans Pieriam chelyn - Orpheus Calliopae genus*) wiederholt sich ebenso wie in den ihnen inhaltlich entsprechenden Versen 6 und 7 des Gedichts von Boethius die durch Wortgrenzen nach den Silben 2 und 6 charakterisierte Feinstruktur.

Im übrigen sind auch im eigentlichen Einleitungsteil des Gedichts von Boethius

Felix qui potuit boni
fontem visere lucidum,
felix qui potuit gravis
terrae solvere vincula

die Verse in ähnlicher Weise durch Strukturverwandtschaften zusammengefasst wie die vier Anfangsverse des Chorlieds in Hercules Oetaeus

verum est quod cecinit sacer
Thressae sub Rhodopes iugis
aptans Pieriam chelyn
Orpheus Calliopae genus

Während bei (Pseudo-)Seneca die Verse 1 und 2 sowie 3 und 4 paarweise nach dem Schema aabb verbunden sind (im ersten Verspaar Wortgrenzen nach den Silben 2, 3, 6, im zweiten Verspaar Wortgrenzen nach den Silben 2, 6), entsprechen bei Boethius die Versverbindungen dem etwas komplizierteren Schema abab, wobei zu den Uebereinstimmungen in der Anordnung der Wortgrenzen noch Wort- und Klangwiederholungen (*visere* - *solvere*) hinzukommen. Bemerkenswert ist dabei die Uebereinstimmung der Verse 1 und 3 des Boethius mit den Versen H.O. 1031 f. in der durch Wortgrenzen nach den Silben 2, 3, 6 charakterisierten Feinstruktur; dazu kommt ein gewisser Anklang zwischen *qui potuit* und *quod cecinit.* Es ist zwar nicht zu bezweifeln, dass Boethius sich mit den Versen 1 und 3 in erster Linie an Vergils Hexameter georg.2,490 *felix qui potuit rerum cognoscere causas* anlehnte[10]; dass er aber zugleich auch an die Anfangsverse des ebenfalls glykoneischen Orpheusgedichts in Hercules Oetaeus dachte, ist insbesondere deshalb wahrscheinlich, weil die durch Wortgrenzen nach den Silben 2, 3, 6 charakterisierte Feinstruktur im ganzen Gedicht des Boethius sonst nicht mehr vorkommt und auch im Chorlied Senecas nur in einigen wenigen Versen wiederholt ist.

Während nun aber bei Seneca die ungewöhnliche Feinstruktur der Verse H.O. 1031/32 sich im zweiten Verspaar in nur leichter Abwandlung (Wegfall der Wortgrenze nach der 3.Silbe) wiederholt, besteht zwischen den Verspaaren 1/3 und 2/4 bei Boethius ein deutlicher Gegensatz: in den Versen 1 und 3 sind die kurzen Silben 4 und 7 entgegen dem Versiktus mit Wortakzenten versehen; in den Versen 2 und 4 tragen dagegen die langen Silben 3 und 6 Wortakzente, durch welche der Versiktus hervorgehoben ist. Dieses Gleichgewicht zwischen Versen mit „diskordanter" und solchen

---

[10] Weitere Nachklänge dieses Vergil-Verses dürften sich in der Consolatio des Boethius etwa in Vers 4,6,1 *latentium rerum causas evolvere* oder in Vers 1,2,23 *naturae varias reddere causas* erkennen lassen.

mit den Versiktus unterstützender „konkordanter" Akzentverteilung ist für das ganze Orpheus-Gedicht des Boethius charakteristisch. Während im glykoneischen Chorlied in Hercules Oetaeus die diskordanten Verse bei weitem überwiegen (sie sind am zweisilbigen, die konkordanten Glykoneen dagegen am drei- oder viersilbigen Endwort leicht zu erkennen), enthält das Gedicht des Boethius im Anfangsteil 10 diskordante und 9 konkordante, im Mittelteil 12 diskordante und 8 konkordante, im Endteil 7 diskordante und 12 konkordante Glykoneen - insgesamt also je 29 Verse mit vorwiegend konkordanter bzw. diskordanter Akzentuierung. (Zu den eher konkordanten Versen sind auch diejenigen zu zählen, die wie Vers 24 *quod luctus dabat impotens* Wortakzente auf den Silben 4 und 6 aufweisen.)[11] Bemerkenswert ist dabei die Verteilung der verschiedenen Strukturtypen innerhalb des Texts, wobei offenbar deren spezifische Ausdrucksgehalte berücksichtigt sind: die diskordante Akzentanordnung wirkt eher heftig, streng, energisch, die konkordante eher weich, ruhig, gelöst[12]. In den den Seelenschmerz des Orpheus und dessen einschmeichelnden Gesang schildernden Versen 14-17 und 20-26 sowie in der von Mitleid geprägten Rede Plutos dominieren die konkordanten, in der Schilderung der Frevler und der abscheulichen Unterweltsgestalten die diskordanten Strukturen.

Dagegen ist das regelmässige Alternieren konkordanter und diskordanter Glykoneen ein Charakteristikum der Rahmentexte im Gedicht

---

11 In anderen glykoneischen Gedichten des Boethius ist das Verhältnis zwischen konkordanten und diskordanten Versen weniger ausgeglichen. So überwiegen in c.2.8 die diskordanten, in c.5.4 dagegen die konkordanten Verse je im Verhältnis 3:2 (18:12 bzw. 24:16 Verse). Andrerseits scheint Seneca sich in anderen glykoneischen Gedichten ebenfalls um ein Gleichgewicht zwischen konkordanten und diskordanten Strukturen bemüht zu haben. So sind von den 68 Versen des glykoneischen Chorlieds in Thyestes (Vv.336-403) je 32 klar konkordant oder diskordant, während die Verse 341, 367, 378, 391 besondere Mischstrukturen aufweisen. Exakt ausgeglichen ist das Verhältnis zwischen konkordanten und diskordanten Strukturen auch im rein glykoneischen Quirinus-Hymnus des Prudentius: von insgesamt 90 Versen sind hier je 45 konkordant bzw. diskordant.

12 Natürlich kommen solche Effekte bei der üblichen die Wortakzente vernachlässigenden Vortragsweise (bei der zugleich auch die

des Boethius. Wie besprochen sind die Verse 1 und 3 diskordant, die Verse 2 und 4 konkordant; der „Fabula docet"-Teil beginnt mit dem konkordanten Vers 52, dem sich die ebenfalls konkordanten Verse 54, 56, 58 anschliessen

vos haec fabula respicit
mentem ducere quaeritis
victus lumina flexerit
perdit dum videt inferos

während die Verse 53, 55, 57

quicumque in superum diem
nam qui Tartareum in specus
quidquid praecipuum trahit

diskordant sind. Durch diese charakteristische Anordnung der beiden gegensätzlichen Strukturtypen gewinnt der Rahmenteil des Gedichts ein einheitliches Gepräge, womit die inhaltliche Zusammengehörigkeit des Einleitungs- mit dem Endteil unterstrichen ist. Eine ähnliche mit formalen Mitteln unterstrichene Anknüpfung des die Erzählung kommentierenden Endteils an den Gedichtanfang findet sich wiederum bereits im Chorlied aus Hercules Oetaeus: hier nimmt Vers 1092 *haec Orpheus cecinit Getis* deutlich auf den Anfangsvers *verum est quod cecinit sacer* Bezug, während die in Vers 1035 enthaltene Kernaussage des Orpheus *aeternum fieri nihil* in Vers 1099 *quod natum est poterit*[13] *mori* ein Echo findet. Im

Quantitätsunterschiede - soweit es sich nicht um Doppelkürzen handelt - ungenügend beachtet zu werden pflegen) kaum zur Geltung.

13 Die anstelle des kaum authentischen *poterit* von verschiedenen Kommentatoren vorgeschlagenen Berichtigungen (*quod erit, patitur, opus est, toleret, properat*) verzichten ebenfalls auf die indirekte Wiedergabe der Rede des Orpheus im A.c.i., wie sie für die vorangehenden Verse ebenso wie für H.O.1035 charakteristisch ist. Vielleicht wäre anstelle eines dem Infinitiv *mori* vorangestellten weiteren Verbs eher ein Adverb oder eine Konjunktion wie *etenim* oder eben nochmals *iterum* (hier nicht im Sinne von abermals, sondern von andrerseits) in Betracht zu ziehen. Mit *iterum* wäre nicht nur die Anknüpfung an H.O.1089, sondern auch diejenige der Verse 1098f. an die ebenfalls von den Parzen handelnden Versen

übrigen klingt dieser letzte Vers des ausdrücklich auf Orpheus bezogenen Texts in Hercules Oetaeus auch an den Schlussvers des Erzählungsteils H.O.1089 *quae nata est iterum perit* an, während Vers 1097 *nulli non avidi colus* an H.O. 1084 *supplent Eurydices colus* erinnert. Ganz ähnlich finden sich im Endteil des Gedichts von Boethius neben der deutlichen Anknüpfung an die Einleitungsverse 1-4 auch Anklänge an den vorangegangenen Endabschnitt der Erzählung: Vers 56 *vi(n)ctus*[14] *lumina flexerit* erinnert an Vers 46 *fas sit lumina flectere,* und der Schlussvers 58 *perdit dum videt inferos* erinnert an den Endvers der Erzählung *vidit, perdidit, occidit.*

Die beiden letztgenannten Verse 51 und 58 weisen wiederum ganz ungewöhnliche Feinstrukturen auf. Wortgrenzen nach den Silben 2, 3, 5 bei diskordantem Nebenakzent auf der 4.Silbe wie in Vers 59 kommen sonst weder im Gedicht des Boethius noch in einem der hundert Verse des Chorlieds von Seneca vor (wohl aber ebenfalls im letzten Glykoneus des Gedichts 2.6 von Boethius: *laetos non habet exitus*). Dennoch scheint Vers 59 durch einen ihm inhaltlich nahestehenden Vers des (Pseudo-)Seneca beeinflusst zu sein, nämlich H.O. 1085 *sed dum respicit immemor.* Völlig singulär unter den Glykoneen des Boethius ist schliesslich die durch eigentliche Verseinschnitte – nicht bloss Wortgrenzen – nach den Silben 2 und 5 charakterisierte Feinstruktur des Verses 51 (der wohl nicht zu Unrecht mit Caesars *veni vidi vici* verglichen wurde); hier könnte der bei (Pseudo-)Seneca am Ende des philosophisch betrachtenden Texts stehende Vers H.O. 1127 mit der ähnlich lapidaren Aussage *pontum, Tartara, sidera* ein Vorbild gewesen sein. Jedenfalls kann wohl gesagt werden, dass der

---

1083f. betont: *consumptos iterum deae / supplent Eurydices colus - Parcas stamina nectere / quod natum est iterum mori.*

14 Würde hier *vinctus* gelesen, so käme sowohl die Anknüpfung an die Einleitung (*vincula* in Vers 4) wie auch die zweifellos vorliegende Anspielung auf Platons Höhlengleichnis deutlicher zum Ausdruck als mit dem überlieferten Wort *victus.* Das Bild des von irdischen Begierden gefesselten oder in Ketten gelegten Menschen wird von Boethius häufig gebraucht; andrerseits ist *victus* hier darum fragwürdig, weil in der vorangegangenen Erzählung - wie schon in Hercules Oetaeus - *vincere* im passiven Sinn gerade nicht für Orpheus, sondern für die Opfer seiner Bezauberung verwendet ist.

Zusammenhang des Orpheusgedichts des Boethius mit dem glykoneischen Chorlied in Hercules Oetaeus kaum weniger offenkundig und eng ist als etwa der bekannte Zusammenhang zwischen dem Gedicht 1.5 des Boethius und dem Chorlied Vv. 959-988 in Senecas Phaedra.

Aufführungsbericht Syrakus, 16.5-18.6.1996

Angela Sapio, Licata

Con i due allestimenti del 34⁰ Ciclo di spettacoli classici di Siracusa (16 Maggio/18 Giugno 1996) l'INDA, sotto la direzione di Umberto Albini, ha inteso offrire i due opposti tipi di approccio con il teatro antico, quello attualizzante-sperimentale e quello sostanzialmente tradizionale, incentrato l'uno sulla potenza dell'immagine, l'altro sull'efficacia della parola.

Proprio per questo proposito esplorativo, „Coefore" ha esaltato il tema della responsabilità della violenza, affidandosi ad una messinscena nera e rabbiosa, dove gli odi e le vendette di questo dramma centrale della trilogia eschilea vengono collocati in una Argo disumanizzata e ridotta a una periferica bidonville bombardata dalla violenza della storia, tra relitti di automobili e roulottes bruciate poste ai lati dello specchiante palazzo degli Atridi, mentre la lunga scalinata d'ingresso alla reggia pare indicare la distanza del potere dal popolo (scena di Enrico Job). Della vicenda di Oreste, tornato ad Argo per vendicare l'assassinio del padre, la regia di Giorgio Pressburger ha dato una lettura moderna, a tratti provocatoria, in cui la contemporaneità del dramma di Eschilo viene interpretata e presentata nella sua verifica scenica.

Portatore di questa idea è il coro, testimone sempre presente di un'azione conclusiva di un ciclo di potere guasto e irragionevole: nelle coreografie di Gloria Catizone viene presentato come una schiera di prigioniere di guerra strette in vestiti neri dark e punk, che si agitano su musiche rock da Glass a Sakamoto con una gestualità esasperata che chiede vendette a torti subiti.

La messinscena di Pressburger, che si è valsa dell'agile e fluida traduzione di Umberto Albini, ha riproposto il tema del matricidio sottolineando il rapporto conflittuale di Elettra (una intensa Anna Bonaiuto) con la madre e la morbosità del legame materno nell'incontro tra Oreste (un corposo Ennio Fantastichini) e Clitemnestra, disegnata nella sua doppiezza da Ivana Monti come una vamp fasciata dall'abito scarlatto, che denuda un seno di fronte al figlio già pronto a rivolgere l'arma contro di lei.

La denuncia della violenza e dello sradicamento da essa operato, nel dramma di Eschilo come nelle catastrofi del nostro presente, a cui alludono le frasi del Vico sui corsi e i ricorsi sussurate prima dell'inizio dagli altoparlanti, viene così rappresentata in uno spettacolo che, lontano dall'ortodossia, rimette in discussione il problema del confine tra tradizione e modernità. Alla seconda opzione, quella di una interpretazione limpida e rigorosa anche se non priva di tratti originali, è invece riconducibile la messinscena della „Medea" di Euripide che il regista Mario Missiroli, con La scena di Enrico Job, ha collocato in un'arcaica cornice agreste, dove ulivi centenari esaltano la sacralità delle pietre, ricreando un'ambientazione mediterranea, evocativa di un sistema di valori corrispondente, in cui prevalgono passioni selvagge come la gelosia e la vendetta.

La natura stessa offre il suo materno ventre ad accogliere gli uomini e le loro sofferenze: da sottoterra esce, infatti, Medea, dalla sua „tana" posta al centro del proscenio e, insieme, le donne del coro, rappresentative di un universo muliebre mediterraneo, che sotto neri scialli cantano antiche nenie in un greco molto musicale su un accompagnamento povero di tamburi e sonagliere (musiche di Benedetto Ghiglia).

La regia di Missiroli ha sottolineato lo scontro di civiltà e la contrapposizione tra l'istinto barbaro e la magia ancestrale, come li rappresenta Medea, e la civiltà greca della ragione e della giustizia, come la rappresenta Giasone.

Al centro dello spettacolo è il testo, nella traduzione puntuale di Maria Grazia Ciani; all'evidenza della parola concorre anche la narratività del coro, qui articolato in una alternanza di voci, a differenza di quello delle „Coefore", concepito come unico personaggio.

Valeria Moriconi torna a Medea, ruolo già interpretato nel '72 sotto la guida di Franco Enriquez, e ne fa l'oggetto di una, introspezione psicologica, ancora più profonda.

Medea, matriarca barbara ricoperta di scialli e monili, è la „diversa“ che si colloca al di fuori del Paese che la ospita e dei suoi valori etici fin troppo conformi ad egoismi individuali mascherati da una logica inappuntabile.

Alla maga, che gestisce con lucida follia la vendetta contro Giasone, alla donna tradita per le nuove nozze dell'uomo con Glauce, la figlia del re ospite Creonte, la Moriconi presta una meditata varietà di toni, ora vibrante ora scura, segnalando il mutare dei sentimenti e la maturazione della ferale decisione di uccidere i figli in un atto estremo di amore e odio verso Giasone.

Come signorotti agricoli di una terra non troppo vicina nè troppo lontana che è Sicilia ed è anche America, vestiti con costumi coloniali, le stanno di fronte gli uomini del potere, Creonte (Gabriele Ferzetti) e Giasone (Paolo Graziosi), un piccolo uomo odioso e pietoso, che non ha più niente dell'eroe saggio delle mitiche imprese degli Argonauti, irretito com'è nel barbarico magnetismo di Medea, da cui viene alla fine annientato quando, in una sorta di apoteosi in cui si palesa lo scontro tra l'umano e il divino, la donna-maga si allontana sul carro dorato del Sole, di cui per il mito è diretta discendente.

Einleitung in die griechische Philologie (ed. H.-G. Nesselrath.)

Teubner: Stuttgart and Leipzig, 1997. pp. xvi + 773, 2 maps, chart.

Niall W. Slater, Atlanta/Georgia

The present volume, along with the previously published *Einleitung in die lateinische Philologie*, ed. F. Graf, is designed to replace the *Einleitung in die Altertumswissenschaft*, ed. A. Gerke and E. Norden, first published in 1910. It aims to offer students an introduction to the Greek side of classical philology and is divided into eight major sections (and 26 subsections), covering the transmission of texts (including epigraphy and papyrology), a history of the science of philology itself, language and linguistics, literary history, political and social history, religion, philosophy (moral and natural), and art. More than 25 scholars from Europe and North America have contributed to the volume.

I must leave it to other reviews to delve into the full range of material offered here. I propose to focus only on those sections of interest to the readers of DRAMA. I cannot forebear, however, to make some general remarks, particularly from an English-speaking perspective, on the enterprise as a whole. No single volume in English attempts such a comprehensive introduction to the study of Greek literature and culture – and none is likely to. It would be too easy, and in my view ultimately misleading, to attribute this state of affairs to a lesser dedication to the ideal of a unified Altertumswissenschaft in Anglo-American scholarship. Rather, it seems likely that in many of the subfields represented in this volume the Anglophone reader will be far better served by an existing separate introductory study.

A clear example here is the present volume's survey of Greek art: 122 pages by five separate authors, with 80 small but generally clear black and white illustrations (27 of them coins). These surveys seem quite competent, and the economics of the whole volume obviously forbade more, larger, or any color illustrations – but who beyond the German university student audience (and indeed how many of them?) will turn to such a volume as this for an introduction to Greek art when excellent standard surveys with far better illustrations exist in most major European languages? The „Vorbemerkung" to the whole section virtually acknowledges as much. So too the Anglophone student pursuing the history of textual transmission and philology will much sooner turn to Reynolds and Wilson's *Scribes and Scholars* (3rd edition, Oxford, 1991) or Pfeiffer's history (Oxford, 1976, 1978), for that matter, than to the articles here.

Most of the material for the history and interpretation of drama is contained in Enzo Degani's history of literature down to 300 BC and Richard Hunter's treatment of Hellenistic literature. Both are the excellent work one would expect of such scholars, but there are few surprises. Degani offers a sober treatment of early tragedy and comedy and a good introduction to the dramatic festivals. I was initially startled by his flat statement that Magnes' plays were no longer that 300 verses each; this reasonable estimate (but is it any more than that?) comes from a late Latin gloss, Magnes test. 9 *PCG*. He holds to the conventional view that the parabasis is a very old feature of comedy, disregarding T. K. Hubbard's intriguing suggestion of a more recent origin (in *The Mask of Comedy*, Cornell, 1991).

Discussion of individual authors is necessarily brief in so comprehensive a volume: Aeschylus and Sophocles receive about two pages each, Euripides three. Such compression has its costs: the student looking for information on a single author will probably be better served by the lengthier entries in such a work as the recent *Metzler Lexicon Antiker Autoren* (Stuttgart and Weimar, 1997), where for example Bernhard Zimmermann's entry on Sophocles, with more than twice the space, can give a much fuller picture of the poet's development and relation to his times.

Hunter's 23 pages on Hellenistic literature include three on Menander and New Comedy (with a useful and more wide-ranging bibliography than the corresponding entry in the *Metzler Lexicon*). His discussion of the fortunes of satyr play in the Hellenistic period is quite intriguing.

One issue of bibliography will be a particular problem for North American readers. Degani's discussions regularly cite for additional bibliography the volume *Lo spazio letterario della Grecia antica III*, ed. G. Cambiano et al. (Rome 1996). A quick and perhaps not complete search of computer library catalogues turned up copies of this volume at Princeton, Northwestern, and Cornell – but none anywhere in the entire southeastern United States. One hopes that it is much more available to the intended European readership.

In sum, the volume has much to recommend it to a German university student audience. For a wider audience it is far less clear what advantage this volume offers over those of existing introductions to history, philology, and art.

El Teatre clàssic al marc de la cultura grega i la seua pervivéncia dins la cultura occidental

a cura de J. Vicente Banuls, F. de Martino, C. Morenilla e J. Redondo, Levante Editori, Bari, 1998, 412pp.

Fátima Silva, Coimbra

Este volume recolhe um conjunto de 20 comunicações apresentadas no *Congresso Internacional El teatre clàssic al marc de la cultura grega i la seua pervivència dins la cultura occidental*, celebrado em Maio de 1997, por iniciativa da Universidade de València. 0 Grupo de Recerca i Acció Teatral de la Universitat de València, organizador do Congresso, definia como prioritário o objectivo seguinte: 'Criar um espaço de reflexão permanente sobre o fenómeno teatral em todos os seus aspectos, um espaço aberto, ponto de encontro e interacção da investigação universitária, dos profissionais do teatro e da sociedade no seu conjunto'. Muito variadas na temática e na concepção, as diversas intervenções que preencheram este encontro podem agrupar-se em áreas que essencialmente valorizam: l. a produção dramática grega e o seu enquadramento dentro das condicionantes sociais e políticas contemporâneas; 2. a definição de um perfil para a expressão do género dramático grego e latino, no que se refere a tema, personagens, discurso e execução cénica; 3. testemunhos literários e plásticos sobre a estruturação de um processo de criação dramática na Grècia; 4. projecção do teatro grego: a. primeiro em Roma; b. depois no grande movimento renascentista do séc. XVI; c. na *literatura* europeia do séc. XVII à actualidade.

l. Um primeiro conjunto de comunicações contextualiza o teatro grego com a mentalidade cultural e a sociedade suas contemporâneas, procurando no fenómeno teatral um reflexo da experiência ateniense ou a marca de uma literatura de intervenção ou de propaganda política. Constituíram este conjunto de textos: J. Pòrtulas, 'Tragèdia grega i ideologia' (pp. 13-25), J. Redondo, 'Polis i tragèdia a *l'Ion* d'Eurípides' (pp. 111- 132), J.B.

Llinares, 'El mite del „salvatge“ i el teatre: lectura antropològica *d'El Ciclop* d'Eurípides' (pp. 147-175), J. Vte Banuls Oller, ἦθος ἀνθρώπῳ δαίμων' (pp. 177-200), B. Zimmermann, 'Die Krise der Polis im Spiegel der attischen Tragödie (Euripide, *Orestes*; Sophokles, *Philoktetes*)' (pp. 369-380). Particularmente curiosa me parece a contribuição de Redondo, que avalia a importância fulcral da tragèdia no séc. V a. C. e a sua influência soberana sobre todas as criações literárias contemporâneas. Com este espectro de influência, a tragédia goza de uma posição central no conjunto de possibilidades expressivas ou interventivas dos autores literarios gregos. Por seu lado, a tragèdia do último quartel do século, onde se inclui o *Íon*, será decisiva para a definição de um gosto literario futuro. Mas não se queda este estudo no plano meramente literário, antes retoma velhas questões ligadas com o sentido desta peça de Eurípides, nos níveis psicológico, antropológico e político; do todo resulta uma criação de linhas diferentes em resposta a uma época em profunda crise e mutação. Por seu lado, Zimmermann dedica-se à crise da pólis nos anos da última década do séc. V a. C., com particular atenção para o significado do *Orestes* de Eurípides. Ao *mesmo* tempo que reavalia juízos de valor menos elogiosos para a peça, emitidos desde a Antiguidade, procura reabilitá-la á luz do seu sentido histórico e político, vendo em algumas das suas cenas ou personagens reflexos evidentes e directos da realidade ateniense contemporânea. Uma análise paralela de alguns aspectos do *Filoctetes* de Sófocles consolida a questão candente que minava a vida da pólis: o conflito entre o individual face à tirania do colectivo, numa época de crise de valores e de princípios éticos.

2. Alguns estudos dedicados a aspectos concretos da cena cómica greco-latina definem personagens, atitudes, convencionalismos de linguagem e de realização cénica, estabelecendo entre os padrões gregos e latinos os necessários nexos de continuidade ou de contraste: C. Ferragut, 'Aplicación didáctica de las comedias de Plauto', (pp. 65-84), D.E. Merlos, 'La *anus* en la comedia greco-latina. Rasgos característicos y evolución' (pp. 133-145), C. Bernal, 'Los personajes secundarios en

Terencio' (pp. 201-221), C.M. Talens, 'Amor y aventuras en la comedia y la novela' (pp. 223-248), M. Madrid, 'La imagen de las mujeres en la comedia aristofánica' (pp. 291-317), J.S. Sáez, 'Oralidad, escritura y discurso teatral. De la mímesis linguística a la caracterización literaria' (pp. 319-333). C. Ferragut, com um grupo de estudantes do curso de Comentário de Textos Latinos II, apresentou um estudo sugestivo do comediógrafo latino, orientado por três pontos: recursos cómicos e técnico-dramáticos; opiniões sobre o feminino; transcendência da comédia plautina. Deste conjunto de observações parece-me particularmente fina a análise do texto de Plauto, no que ele tem de revelador do movimento cénico, do gesto, da tonalidade de voz, da expressividade do actor. Com um bem seleccionado conjunto de passos, sobretudo extraídos do *Miles gloriosus*, Ferragut reconstitui de alguma forma o ambiente da cena plautina e do seu diálogo com o público. Da mesma maneira, a reflexão sobre a comicidade a extrair do feminino, para além de acentuar o ascendente grego para este elemento (de resto analisado de uma forma interessante por outros comunicantes), retira do texto um conjunto de vocábulos, ou directamente reprovadores ou falsamente elogiosos, que traduzem com suprema ironia e uma agilidade tipicamente plautina o tradicional tom pejorativo na abordagem deste elemento cómico.

Interessante é também o estudo dedicado ao confronto do romance com a comédia. Depois de retomar, em síntese, o balanço do conjunto de fontes literárias que deram configuração ao romance, Talens elege a comédia nova como seu motivo principal. E passa a avaliar do ponto de vista filosófico-religioso, temático e formal os dois géneros, sem descuidar um outro factor que os aproxima e que é o tipo de público a que se destinam. É sobretudo o romance de Cáriton que lhe permite, com diversas peças de Menandro, um confronto de onde ressaltam proporções diversas de personagens semelhantes, ou elementos diferentes dentro de um padrão de atitude que lhes é comum; cingindo-se aos protagonistas, a autora constata a sua intervenção mais activa no romance do que na comédia, como o recurso a elementos de caracterização, a beleza física por exemplo, de pouca expressão cómica, mas inteiramente convencionais no romance; indo um pouco mais ao pormenor, destaca-se o lado guerreiro ou épico de alguns jovens protagonistas, o tom mais passivo do comportamento da heroína, como ainda a intervenção fundamental de amigos ou aliados. Para além de uma série de pormenores habitualmente invocados em análises semelhantes, Talens traz à consideração um certo número de passos ou de expressões que lhe permitem consolidar entre Cáriton e Menandro ecos concretos.

Será ainda de destacar o texto de Sáez que, depois de analisar alguns factores de oralidade no teatro de Aristófanes, com particular relevância para a linguagem dialectal ou estrangeira de um certo tipo de personagens muito vital no comediógrafo grego, reencontra efeitos paralelos em autores modernos e contemporâneos (séc. XVIII-XX) do teatro castelhano e catalão.

3. É curiosa a perspectiva desenvolvida por F. de Martino, no texto que intitulou 'Teatro „sonoro" e teatro „muto": fumetti greci' (pp. 39-65), no sentido de recuar ao passado do teatro e de procurar na literatura grega anterior – em particular na épica – e na cerâmica do séc. VI a. C. a raiz para o grande momento de expansão do teatro clássico. Seguindo a definição dada por Simónides de pintura como poesia muda e de poesia como pintura falante, este texto inclui uma interessante valorização das potencialidades dramáticas da épica, para enveredar em seguida pela enumeração de uma série de imagens de teatro representadas em vasos gregos do séc. VI a. C. A noção de que estas imagens estão condicionadas pela própria natureza estática e muda não inibe o artista de as animar de um movimento expressivo, ou mesmo de legendas ou de fragmentos de discurso, que tornam falantes as figuras neles representadas. Analisado com muita perspicácia um conjunto de imagens, com apoio da melhor bibliografia sobre a matéria, este não deixa de ser um estudo particularmente sugestivo, apesar do risco de subjectividade que comporta a descodificação de todas estas enigmáticas mensagens. Mas é também um contributo importante para a evolução de um processo que ajuda a

historiar, desde uma fase mais ou menos espontânea e popular, figuras (o estrangeiro, o ladrão de comida, por ex.), com as respectivas atitudes ou palavras convencionais, que prosseguem com toda a vitalidade na comédia literária; numerosas aproximações entre essas imagens e passos de comédia são disso a prova.

4. Amplo foi o número de comunicações dedicado à projecção do teatro grego, antes de mais no mundo latino e, através dele, na posteridade europeia.

a. A. Pocina, 'Aspectos de la recepción de Eurípides em Roma' (pp. 265-289), prolongou estudos por si já realizados no sentido de precisar a ideia da forte influência da tragédia grega no mundo latino com uma avaliação do que lhe parece ser uma incontestável preferência por Eurípides. Tendo por seguro, como é evidente, a disponibilidade de um número de modelos muito mais alargado ao dispor dos intelectuais de Roma do que é aquele chegado até nós, Pocina afirma a superioridade da tríade Ésquilo, Sófocles e Eurípides – de resto à semelhança da própria avaliação que Aristófanes consagrara em *Rãs* como sendo também a dos Gregos. Eurípides parece ter, apesar de todas as condicionantes que nos impedem de uma análise clara sobre a questão, um peso maior na adopção latina, que se procura justificar com algumas características do seu pensamento. Mas particularmente curiosa e sintética do sentido da sua interpretação - a das diversas leituras por que Eurípides é assimilado em Roma nas várias épocas – é a conclusão que Pocina tira no seu último parágrafo (p. 289): 'A pervivência de Eurípides na cultura de expressão latina do séc. II d. C. (avaliada sobretudo através de Aulo Gélio) já não é a essencialmente dramática do séc. II a. C. (a de Andronico, Névio, Énio, Pacúvio ou Ácio), nem a cultural do séc. I a. C. (a de Cícero), nem a literária do séc. I d. C. (a de Séneca); converteu-se simplesmente numa pervivência livresca à qual interessa o dado erudito, a anedota, a presunção de saber, tudo menos o conhecimento directo, por meio da leitura, das tragédias de Eurípides'.

b. Do papel do movimento renascentista do séc. XVI falaram, antes de mais, J. M. Estellés, 'Traducciones latinas de tragedias griegas en el siglo XVI' (pp. 101-110), e J. Ciacma, 'Teatro classico nell' editoria veneta del '500: il caso Lodovico Dolce' (pp. 381-390). Valorizando genericamente o esforço feito por um grande número de intelectuais do séc. XVI, Estellés assinala que se cumpria um segundo passo (depois do trabalho esparso de alguns latinos como Cícero, Horácio, Terêncio, Quintiliano, Plínio) decisivo para o processo de tradução dos clássicos. Em particular analisa as características de um volume antológico de algumas tragedias gregas da Biblioteca Geral e Histórica da Universidade de Valência, de onde destaca uma tradução feita por Erasmo da *Hécuba* e da *Ifigénia em Áulide*. A par do trabalho de tradução, o séc. XVI desenvolveu um significativo esforço de edição, fundamental para a divulgação dos textos clássicos, e dramáticos em particular no caso que nos interessa. De entre os vários centros italianos onde esta actividade se expandiu, Veneza aparece particularmente ligada ao texto trágico e cómico e responsável pela publicação do *corpus* de Dolce.

J.M. Maestre, 'Valencia y su *Studi General* en el teatro de Juan Lorenzo Palmireno' (pp. 335-367) trouxe à reflexão sobre o séc. XVI uma análise da produção cómica do professor da Universidade de Valência, na segunda metade do século. Palmireno representa um interessante exemplo de hibridismo entre os modelos latinos e o teatro vernáculo da época. Para além de uma maior flexibilidade no esquema estrutural das peças, as concessões ao gosto e interesses contemporâneos pressentem-se sobretudo no plurilinguismo e nas menções ou alusões frequentes ao universo social e universitário da Valência da época. Para além da importância deste estudo para a cultura de Valência, toda a reflexão é oportunamente enquadrada face a tendências paralelas que ocorriam em outros centros de cultura, sobretudo em Espanha e Itália.

c. Finalmente, e em consequência deste esforço renascentista, a vitalidade dos modelos clássicos prossegue sem quebras até aos nossos dias. É neste plano da projecção que se situam os textos apresentados por

B.R. Fernández, 'Los *Lustspiele nach dem Plautus* y *Die Algierer* de J.M.R. Lenz (1774). Adaptación racionalista o sentimental?' (pp. 27-37), de K. Andresen, 'Juego de Máscaras en *Saludos de parte de Nerón* de Martin Walser' (pp. 85-99) e o de B.E. Jirku, 'El mito como ilustración suspendida: *Die Fremdenführerin* de Botho Strauss' (pp. 249-264), referentes a produções alemãs de padrão clássico, respectivamente dos séc. XVIII o primeiro e XX os restantes. Concebidos em contextos diversos da história alemã, estes textos espelham o regresso a modelos greco-latinos e a sua eterna revitalização como paradigmas de questões que se renovam na vida da humanidade.

Por fim, com o texto de E.M. Cancela, 'La importancia de llamarse Antígona en la obra de Luis Rafael Sánchez' (pp. 391-404), passamos ao ambiente cultural e literário da América Latina dos anos 60, onde a experiência das ditaduras militares apoiadas pelos Estados Unidos traz a exigência de um grito de liberdade disferido por uma nova Antígona. Como bem comenta Cancela, depois de uma atenta comparação com o modelo principal da peça, o sofocliano (p. 402): 'O jogo intertextual não se reduz ao estabelecido com a tragédia grega, como se combina com que o deriva do uso da propaganda comercial, das noticias periodísticas, da linguagem política do momento, á maneira de hipotextos; de modo que, graças à tensão resultante entre o passado e o presente, entre tradições literarias e circunstâncias históricas, o mito se actualize e torne imagem dos conflitos da América Latina na época em que a obra foi escrita'.

Lingua colloquiale e linguistica dialogica

Andreas Bagordo, Freiburg

A proposito di: Roman Müller, Sprechen und Sprache. Dialoglinguistische Studien zu Terenz, Bibliothek der klassischen Altertumswissenschaften, N.F. - 2. Reihe - Band 99, Heidelberg: C. Winter 1997 (Diss. Heidelberg 1996), p. 315.

Già nel titolo M. adombra la prospettiva della sua trattazione: la 'Dialoglinguistik'. Il fine è delineato nell'introduzione: "aus den Bühnendialogen, einer dichterischen Wiedergabe der Grundform sprachlichen Austausches von Mensch zu Mensch, unter Betonung des kommunikativen Aspekts diejenigen Elemente und Gefüge herauszuschälen, die spezifisch zurückweisen (oder zurückzuweisen scheinen) auf das Redeverhalten in informellen Alltagsgesprächen" (p. 7). E con questo il libro di M. si presenta come uno dei primi tentativi sistematici, se non il primo, di applicare i procedimenti della linguistica dialogica – non rinunciando a quelli della linguistica descrittiva e storica – all'interpretazione di un autore classico.

Il primo risultato della prospettiva linguistico-dialogica è la rinuncia al termine 'Umgangssprache', in quanto oggetto dichiarato dello studio di M. non è né il livello stilistico né l'ambito sociale d'uso, ma soltanto il 'mündlicher Modus' della lingua: per questo M. si serve del concetto di 'Sprechsprache' (p. 8). Questo latino parlato è naturalmente indipendente dalla redazione scritta: i discorsi realmente pronunciati da Cicerone erano più vicini al latino scritto di quanto non lo fossero ad es. iscrizioni su cocci o lettere di soldati (*ibid.*); questa separazione tra oralità/scrittura e colloquialità/letterarietà è del resto un prerequisito che sottende anche l'altro concetto, più tradizionale, di cui preferisco continuare a servirmi, quello di 'Umgangssprache'. Ancora nell'introduzione (p. 11) M. richiama, sul rapporto tra Terenzio e i suoi modelli, i lavori di E. Lefèvre che, riguardo all'esposizione tecnica (Die Expositionstechnik in den Komödien des Terenz, Darmstadt 1969), e in particolare dedicati al Phormio (Der Phormio des Terenz und der Epidikazomenos des Apollodor von Karystos, München 1978) e all'Heautontimorumenos (Terenz' und Menanders Heautontimorumenos, München 1994), mostrano come il comico romano abbia sottoposto i modelli greci nella drammaturgia e nella conduzione dell'azione e dei personaggi a processi di 'Umgestaltung' e di 'Umdeutung' (*op.cit.* 1994, 178). Questo è certamente vero. Ma il richiamo a Ed. Fraenkel, che dei grecismi di Plauto scrive come siano tutt'altro che "wörtliche Erinnerung an die Vorlage" (Plautinisches im Plautus, Berlin 1922, 293 [andrebbe citato nella trad. italiana Elementi plautini in Plauto, Firenze 1960: con aggiunte dell'autore!]), viene trasferito da M. automaticamente anche a Terenzio: per le sue commedie M. dà come presupposto che "statt eines Abklatsches griechischer Sprachmodelle im wesentlichen originäres Latein der Zeit in poetischer Einkleidung reflektieren" Quello che è provato, e provabile, per gli aspetti drammatici, viene dunque dato per scontato anche per quelli stilistici, riferendo a Terenzio ciò che Fraenkel aveva detto di Plauto. Salvo poi ricordare nelle righe seguenti come le ricerche di H. Haffter (Untersuchungen zur altlateinischen Dichtersprache, Berlin 1934 [=1974^2]) e di H. Happ (Die lateinische Umgangssprache und die Kunstsprache des Plautus, Glotta 45, 1967, 60–104) abbiano rilevato una differenza sostanziale tra i due comici romani proprio nel trattamento linguistico: se Plauto nei versi lunghi appartiene alla tradizione della lingua scenica latina arcaica, Terenzio quasi non presenta differenze stilistiche tra i versi lunghi e i senari, e tenendosi nel complesso lontano da quella tradizione segue strade sue proprie. Che queste strade, proprio in virtù della posizione distante di Terenzio rispetto alla 'Dramensprache' romana, possano prevedere una maggiore aderenza ai modelli greci, è un'ipotesi di lavoro che non si può liquidare così facilmente come fa M., trattando Terenzio alla stregua di Plauto e la lingua di Terenzio alla stregua della sua drammaturgia.

La prima parte della dissertazione di M. è intitolata alla pragmatica del dialogo. Viene giustamente fatta *tabula rasa* di ancora resistenti categorie grammaticali che da Dionisio Trace in poi assegnano l'epiteto poco onorevole di παραπληρωματικοί 'riempitivi' a quelli che la linguistica pragmatica chiama ora 'Gesprächswörter' e ai segni linguistici ad essi equivalenti (p. 15s.): si tratta di una vasta classe di segnali, che governano e organizzano il dialogo, ripartiti da M., sulla scorta di teorie elaborate da altri nei campi della germanistica e della romanistica, in: I. 'Gliederungssignale' ('Gesprächseröffnung', 'Gesprächsbeendigung'), II. 'Signale der Rollenverteilung', III. 'modalisierende Gesprächswörter', IV. 'Interjektionen', V. 'Beteuerungsformeln' e VI. 'Verwünschungen'.

Opportunamente M. ricorda come la 'Gesprächseröffnung' non vada confusa con la 'Szeneneröffnung', che riguarda solo l'impianto della commedia (p. 17). Vorrei segnalare riguardo alla 'Anredefoschung' – di cui M. (*ibid.*) giustamente lamenta il poco interesse negli studi latini seguito al lavoro di J. Svennung (Anredeformen, Lund 1958) – in campo greco i recenti contributi di Eleanor Dickey (Forms of Address and Conversational Language in Aristophanes and Menander, Mnem. Ser. IV 48, 1995, 257–271 e Greek Forms of Address. From Herodotus to Lucian, Oxford 1996). Che M. sia interessato solo all'aspetto comunicativo a danno di quello stilistico, appare chiaro già da due primi esempi per le formule di saluto (p. 21s.):

Andr. 318s. PA. *Charinum video. salve.* CH. *o salve, Pamphile: | ad te advenio spem salutem auxilium consilium expetens* mostra con evidenza che la 'Auslöseformel' di Carino (un polisindeto con i primi due membri allitteranti e gli ultimi due omeoteleuti) non è ascrivibile in alcun modo alla lingua colloquiale; così anche Heaut. 406ss. CL. *salve, anime mi* AN. *o mi Clinia, salve.* CL. *ut vales? |* AN. *salvom venisse gaudeo.* CL. *teneone te, | Antiphila, maxume animo exspectatam meo?*, per cui basti il confronto con Pompon. Atell. fr. 45 Frassinetti *mi frater, salve!* :: *o soror, salve mea!*, che riecheggiando Plaut. Curc. 657s. TH. (...) *salve, mea soror.*

PL. *frater mi, salve* offre un esempio caratteristico della stilizzazione letteraria cui Pomponio sottopone l'atellana originariamente improvvisata e senza ornamenti (così Frassinetti, p. 103). Il modello chiastico *saluto, apostrofe :: apostrofe, saluto*, come anche l'ulteriore sviluppo *saluto, nome + pronome :: pronome + nome, saluto* in *Hec.* 455s. PA. *salve, mi pater.* | LA. *gnate mi, salve*, 731s. (LA.) *Bacchi salve* | BA. *salve Lache* è dunque retaggio della 'Dramensprache' anche in Terenzio (per il greco cf. C. Austin *ad* Men. Sam. 128s., con rimando a Georg. 41 e com. adesp. 1017,78s. K.–A.; si veda anche P.Oxy. 4024,3s. [Men. Leucad.]). Sul tono di *anime mi* basti il rimando alla scena patetica dell'addio tra Pirgopolinice e Filocomasio in Plaut. mil. 1329s., dove alla richiesta della donna di un ultimo abbraccio (*opsecro licet complecti priusquam proficisco?*) Pirgopolinice la apostrofa con *o mi ocule, o mi anime*; del resto anche il semplice *o + pronome possessivo + nome* è proprio dello stile elevato (ad es. Ter. Eun. 455 *o Thais mea, meum savium*, Plaut. Cist. 95 *o mea Selenium*, Poen. 1127 *o mi ere*).

La trattazione sulle 'Gesprächseröffnungen' si conclude con due osservazioni di grande interesse (p. 26): Plauto e Terenzio preferiscono sequenze più complesse rispetto alla monotona semplicità del loro modello Menandro, che si serve per lo più dello spoglio χαῖρε; Plauto si discosta da Terenzio in quelli che Fraenkel (*op.cit.* 221) chiama 'Begegnungsduette', cioè soliloqui e discorsi *ad spectatores* che separano la presa di contatto per un dialogo dall'apertura del dialogo stesso e che Terenzio di solito evita mostrando di essere rispetto a Plauto 'wirklichkeitsnäher' (M., p. 27). Passiamo alle 'Gesprächsbeendigungen' (p. 27–32): tra le formule di assenso utilizzate come fini di dialogo che M. elenca ce ne sono alcune su cui occorre fare delle annotazioni.

1. Per il tipo *faciam/fiat* ('Wird gemacht'/'Es soll geschehen') non andrebbero trascurati i paralleli tracciati con i modelli greci da Fraenkel (Beobachtungen zu Aristophanes, Roma 1962, 82 n. 2), per il quale è probabile che un uso fisso come quello riscontrabile in Plauto e Terenzio

sia piuttosto un'immediata traduzione che non un tratto indipendente della lingua colloquiale romana. Ad Atene si diceva ποιήσω ταῦτα in diverse varianti (anche con δράσω e οὕτω); per la commedia romana Fraenkel si limita a Plauto e va pertanto integrato con i seguenti passi terenziani: Andr. 45s., 596s., 681s., Heaut. 235s., 994ss., Eun. 207, 361s., 500ss., 724, Phorm. 198, 784s., 793ss., Hec. 611s., 716ss. Si tratta per lo più di schiavi che rispondono a un ordine. *ita faciam* ha un parallelo in οὕτω ποιήσω, frequente soprattutto nei primi dialoghi di Platone; la formula *faciam ut iubes* (anche *ita ut iubes faciam* e *faciam ut mones*) ha un parallelo euripideo (IT 1494 δράσομεν οὕτως ὡς σὺ κελεύεις); da un confronto con Plauto si può notare la preferenza di questi per la formula più lunga *faciam ut iubes* e simili (11 dei 18 casi), mentre *faciam* e *ita faciam* ricorrono solo due volte ciascuno (altre varianti sono *faciam sedulo, ibo et faciam sedulo, faciam et pultabo fores*). Nel modello diretto di Terenzio, Menandro, è attestato due volte ποήσω: Asp. 380s. ΔΑ. ταῦτα τὰ βεβουλευμένα· / ἀπόθνησκ ' ἀγαθῇ ΧΑ. ποήσω, Sam. 612s.ΔΗ. πέπαυσο· μὴ παροξύνου· πόει τἄνδον εὐτρεπῆ. / ΝΙ. ποήσω. Più rara è nei comici romani la variante *fiet* (Heaut. 593s., Eun. 207s., Phorm. 227s., Plaut. Asin. 829, Merc. 302, Mil. 908, Poen. 915, Trin. 1068).

2. Per la formula *numquid (aliud) vis?* andrebbe segnalato il lavoro di J.N. Hough, The *Numquid Vis* Formula in Roman Comedy, AJPh 66, 1945, 282–302, dal quale risulta che *numquid vis?* nella commedia romana non è affatto esclusivamente una formula di congedo convenzionale (solo 6 casi su 43 in Plauto, 4 su 9 in Terenzio); negli altri casi essa introduce o repliche umoristiche o una replica che rende la formula stessa umoristica, o ancora attenua una transizione tra cambiamenti rispetto all'originale. Dei passi terenziani sono dunque *vere* 'Beendigungsformeln', che restano cioè senza risposta, soltanto Eun. 341 *rogo numquid velit*, 363 *numquid me aliud?*, Phorm. 458 *numquid nos vis?*, Hec. 272 *sed num quid vis?* | *nam est quod me transire ad forum iam oportet*, mentre offrono il destro a una

replica umoristica – adempiendo così a una funzione comica piuttosto che non puramente scenica – Eun. 213 *sed numquid aliud imperas?* (Risposta: *munus nostrum ornato ...*), Phorm. 151 *numquid, Geta, aliud me vis?* (Risp.: *ut bene sit tibi*), Phorm. 563 *numquid est quod opera mea vobis opus sit?* (Risp.: *nil; vero abi domum*), Ad. 247 *numquid vis quin abeam?* (Risp.: *immo hercle hoc quaeso, Syre: ...*), Ad. 432 *numquid vis?* (Risp.: *mentem vobis meliorem dari*).

3. La formula di ringraziamento *bene fecisti* (Eun. 463, 1091) è la variante già identificata da Donato di *bene facis* (ad Eun. 186: *merito te amo, bene facis*), per cui Fraenkel (Esercitazioni sull' 'Eunuco', Belfagor 25, 1970, 679) parla di calco dal greco καλῶς ποιεῖς (per i passi greci vd. J.H. Quincey, Greek Expressions for Thanks, JHS 86, 1966, 143s.); altri passi in Terenzio sono Ad. 601, 604, 945, 970.

Il capitolo II è dedicato ai segnali della ripartizione dei ruoli, che comprendono i segnali di prosecuzione (p. 33ss., ad es. *dicam*, *ausculta!*, *hem/ehem*), i segnali di sostegno (p. 39ss.; è il fenomeno anche noto col nome di *back channel behaviour*, con cui l'ascoltatore mostra attenzione nei confronti del parlante: ad es. *hem*, *scio*, *quid tum?*, *quid ais?*, *quid?* e le cosiddette 'Echorückfragen'; un dato sottolineato da M. è che tra tutti i segnali di sostegno in Terenzio prevalgano rispetto a quelli di accettazione quelli di precisazione, di avvenuta comprensione o di reazione dissenziente); infine vengono trattati i segnali di cambio di locutore, in forma di assegnazione (*cedo*, *age/agedum* e verba dicendi all'imperativo), di 'Selbstwahl' ('Einwürfe' – soprattutto le cosiddette '*qu*-Fragen' –, 'Abnahmeversuche', 'Abnahme', 'Überlagerung').

Oggetto del capitolo III sono i 'modalisierende Gesprächswörter' (*quidem*, *vero*, *enim*, *dum*, *modo*, *nam*, *num*, *tandem*, *an*, *ne*): a proposito dell'ultima particella si può osservare:

1. Le formule introduttive *scin?* e *nostin?* (p. 84) sono state ricondotte da Fraenkel (Zur römischen Komödie, MusHelv 25, 1968, 238;

si veda anche la sua dissertazione: De media et nova comoedia quaestiones selectae, Göttingen 1912, 55ss.) alla formula analoga οἶσθα / οἶδα, adoperata spesso da Euripide nelle sticomitie, poi passata alla commedia di mezzo e nuova e quindi alla palliata. Questo '*nostin*-Schema' potrebbe risalire a Menandro o essere indipendente in passi come Heaut. 180 (CL. *hunc Menedemum nostin nostrum vicinum?* CH. *probe.*), mentre passi come Eun. 327s. (CH. *patris cognatum atque aequalem Archidemidem* I *nostin?* PA. *quidni?*), Phorm. 63s. (GE. *senis nostri, Dave, fratrem maiorem Chremem* I *nostin?* DA. *quidni?*) e Ad. 573 (SY. *nostin porticum apud macellum hanc deorsum?* DE. *quidni noverim?*) risalgono secondo Fraenkel direttamente agli originali (come mostra ad es. da Anaxandr. fr. 9 K.–A. τὴν ἐκ Κορίνθου Λαΐδ' οἶσθα; (B.) πῶς γὰρ οὔ;); a questo tipo appartengono anche Plaut. Aul. 171s., Curc. 423, Truc. 726.

2. Ritengo del tutto fondato a proposito dell'uso dell'enclitica *-ne*, *-n* come rafforzativo in frasi esclamative con infinitivus indignantis il cauto accenno di M. (p. 86) alla possibilità che la massiccia presenza in Terenzio (26 casi con *-ne*, *-n*) sia da spiegare con una 'Übernahme bei der Übersetzung aus Vorlagen', in virtù del fatto che questo costrutto a differenza dell'accusativo esclamativo, solo latino, ha paralleli in greco.

Denso il capitolo dedicato alle interiezioni (IV; imitative, imperative ed espressive). Non poche sono le divergenze rispetto alla trattazione di G. Luck (Über einige Interjektionen der lateinischen Umgangssprache. Kritische Beiträge zu Plautus und Terenz, Heidelberg 1964):

1. Errato sarebbe per M. trasferire retrospettivamente al latino il tono che alcune interiezioni avranno in seguito nelle lingue romanze (p. 90), ad es. pretendere per *hem* nel senso di 'wieso denn das?' un 'ansteigender Satzton' (così Luck, *op.cit.*, 13).

2. M. si oppone anche all'interpretazione di *em* come variante grafica del greco ἤν (Luck, *op.cit.*, 47. 49), trattandosi in realtà della forma apocopata dell'imperativo di *emere* (p. 115).

3. A Luck (*op.cit.*, 46) che a proposito di *hem* insiste sulla funzione basilare della 'Rückfrage', richiedendo pertanto che ogni *hem* venga reso oralmente con intonazione interrogativa, come 'gedehnter, leicht ansteigender Nasallaut', M. obbietta che questo è applicabile soltanto nei pochi casi di *hem* in risposta con il quale qualcuno reagisce a chi lo chiama non solo per farsi sentire ma anche per chiedere a sua volta cosa si voglia da lui (p. 121s.).

4. Ci si riallaccia a un altro lavoro di Luck (Elemente der Umgangssprache bei Menander und Terenz, RhM 108, 1965, 269–277) per l'osservazione generale che Terenzio supera Plauto nel numero delle interiezioni, e ne presenta molte anche rispetto a Menandro (p. 91).

A proposito dell'interiezione *o(h)* M. osserva come raramente la si trovi in Terenzio come espressione di pura gioia (124). A un triplice *o* anaforico (Ad. 789s. *ei mihi! quid faciam? quid agam? quid clamem aut querar? | "o caelum, o terra, o maria Neptuni!"*) M. concede il raro status di stile tragico (p. 126): per esempi, a mio avviso di stile non meno elevato, come Eun. 943s. *pro deum fidem, facinus foedum! o infelicem adulescentulum | o scelestum Parmenonem, qui situm adduxit!* non si va oltre il riconoscimento dell'ambigua etichetta di 'emotional' (p. 125).

Nei capitoli V e VI vengono trattate le formule assertive (*hercle, pol/edepol, mecastor/ecastor, pro Iuppiter, ita me di ament, pro deum fidem, per deos, si vivo*) e le imprecazioni (*malum, di...duint, di...perduint/perdant, Iuppiter perdat, di...faciant, di te eradicent*).

La seconda parte del lavoro ha per oggetto la sintassi del dialogo. Le basi della discussione sono anche qui linguisticamente solide: nel capitolo sull'anacoluto ad es. ('Satzbruch'), non si prende spunto da un'analisi linguistica portata a vedere in tale fenomeno errori, inattenzioni o deviazioni dalla lingua 'normale', bensì si inquadrano i fenomeni in contesti più ampi, in cui il parlante è lasciato libero di modificare la sua strategia comunicativa anche nella formulazione, e anche ricorrendo a segnali non verbali (mimica, gestualità, rapporto spaziale etc.) (p. 161s.);

in particolare per gli anacoluti in Terenzio si parla di 'geregelte Regelverstöße' (p. 166). Sull'uso della parentesi si osserva che parentesi variabili e di maggior ampiezza hanno in Terenzio solo una parte marginale (p. 184). Riguardo alle ellissi si nota la scarsa propensione per quelle contestuali, quelle cioè in cui il contesto extralinguistico, ovvero la situazione, trasmette le informazioni che nel testo vengono risparmiate (p. 188). A proposito delle riprese verbali, sempre nell'ambito del parlare ellittico, si nota come le 'Ein-Wort-Reprisen' affermative si impongano decisamente solo con Terenzio, facendo ricorso Plauto di preferenza a ripetizioni di intere frasi (p. 192). Ci si chiede (*ibid.*) quale dei due comici rifletta più da vicino il sermo cottidianus contemporaneo. Nell'analisi delle varie espressioni usate in predicati ellittici per risposte affermative (*verum*, *factum*, *ita*) si arriva alla conclusione che Terenzio si pone sulla soglia del passaggio dal *sic* ancora modale al *sic* già affermativo (p. 201), anticipando la fortuna del suo impiego nelle lingue romanze. Analogamente Terenzio occupa una posizione di rilievo, per lo meno rispetto a Plauto, nell'uso assoluto di *non* come risposta negativa (p. 202).

Nella terza parte si affronta il lessico del dialogo. Vengono date liste complete di prime attestazioni, alcune delle quali sono però – come viene osservato – già da presupporre in Plauto (ad es. *dissigno*, dove Plauto ha già *dissignator*, p. 227). L'uso di PHI CD-ROM #5, per la prima volta applicato a una ricerca sistematica sul lessico della commedia, garantisce dati sicuri. Questi dati sono anche letti bene: M. associa giustamente il dato di un 38% circa di prime attestazioni di verbi con lo stile verbale della commedia fatto di repliche e dialoghi che la avvicinano alla *Sprechsprache* (p. 235). Vengono riconosciuti tre principi fondamentali dei neologismi terenziani: 1. la tendenza all'espressione intensificata o portata all'estremo, soprattutto attraverso il prefisso *per-* (p. 236); osservazioni di Hofmann e Szantyr a proposito delle espressioni intensificate vengono ora accettate, riguardo alla 'popolarità' dei composti in *per-*, ora corrette (*ibid.*), riguardo alla supposta moderazione con cui Terenzio avrebbe fatto uso di iterativi (p. 238); 2. la modalizzazione, ovvero le sfumature cui l'autore sottopone il modo di vedere del parlante, che si riflette soprattutto nell'uso dei diminutivi (p. 239); la rappresentazione plastica, raggiunta tramite marche prefissali (*ad-*, *con-*, *ob-* etc.). Notevole in Terenzio è l'alto numero di astratti: per la loro analisi M. si riallaccia ai lavori di H. Haffter (Untersuchungen zur altlateinischen Dichtersprache, Berlin 1934 [=1974^2], 86–100) e di H.J. Molsberger (Abstrakter Ausdruck im Altlatein. Form und dramatische Funktion abstrakt-begrifflichen Sprechens in der altlateinischen Bühnensprache, Frankfurt a.M. 1989), anche se la definizione con cui M. li etichetta, seguendo M. v. Albrecht (Meister römischer Prosa von Cato bis Apuleius, Heidelberg 1983, 81), quella di 'gehobene Mündlichkeit', non rispecchia bene le conclusioni di Haffter e Molsberger, nei quali la distanza stilistica degli astratti dalla lingua parlata emerge con molto più vigore.

Un discorso a parte meritano i grecismi, intesi come calchi da un'espressione greca. La formula *di te eradicent* costituisce uno dei rarissimi casi, invero non più di tre in tutto, per i quali M. ritiene che Terenzio abbia potuto seguire i modelli greci. Il richiamo è a Ruhnken (Ruhnkenii Dictata, Bonn 1825), il quale ha indicato come possibile modello l'espressione greca πρόρριζον ἐκτρίβειν (φθείρειν). Nonostante queste espressioni non siano attestate nei modelli di Terenzio (Menandro e Apollodoro), M. ritiene sulla base di occorrenze in Aristofane, Sofocle ed Euripide che essa abbia potuto trovarsi anche in Menandro, e che Terenzio l'abbia potuta ricalcare da questi (p. 155). Questa concessione ai calchi dal greco in assenza di un confronto diretto non può che stupire se si leggono gli scarni cenni con cui, nel paragrafo dedicato al 'Wortinventar' degli 'Erstbelege', M. liquida la pratica delle 'Lehnbildungen' (p. 242s.), affermando perentoriamente che "unabdingbare Voraussetzung für eine solche Gegenüberstellung [scil. tra calchi latini e modelli greci] ist die Vergleichbarkeit des griechischen und des lateinischen Textes". Procedendo in questo modo i calchi latini non superano di necessità le due unità: *pisciculus* (Andr. 369) ~ ἑψητός (Men. Perinth. fr. 2,1 Sandb.) e *mustelinus* (Eun. 689) ~ γαλεώτης (fr. 143

K.–A.). In sostanza il problema dei calchi viene accantonato, come si deve evincere dalle parole che introducono il problema dei grecismi, intesi come prestiti, a differenza dei quali "läßt sich das Gebiet der Lehnprägungen noch nicht befriedigend bearbeiten, u. a. weil Terenz' griechische Textvorlagen bis auf Fragmente für den Vergleich fehlen" (p. 254). Mi chiedo di nuovo perché nel caso della succitata formula *di te eradicent* il rigido criterio della presenza di un modello non sia stato preso in considerazione. Questo problema, di cui nelle pagine precedenti (in corpo minore) si sono date alcune anticipazioni, è oggetto di una parte della mia dissertazione, non ancora pubblicata (Beobachtungen zur Sprache des Terenz. Unter besonderer Berücksichtigung der ‚attisch-römischen' Umgangssprache, Diss. Göttingen 1998). Questo limite nel lavoro di M. è stato ravvisato anche da un altro recensore, che constata appunto la scarsità dei confronti col greco, i quali da soli potrebbero fornire 'prove scientificamente convincenti' (H. Marti, MusHelv 55, 1998, 228). Riguardo ai prestiti dal greco M. rileva il venir meno in Terenzio di effetti umoristici nel loro uso, rispetto a un Plauto che li disseminava in abbondanza nella sua lingua d'arte comica (p. 259). Alla questione posta da G.B. Shipp (Greek in Plautus, WS 66, 1953, 111), se i grecismi fossero impiegati per creare una 'atmosfera greca' (così anche J. Kaimio, The Romans and the Greek Language, Helsingfors 1979, 306), M. risponde ragionevolmente che occorre escludere tra questi grecismi quelli che già prima di Terenzio avevano perso ogni connotazione di estraneità e di stranezza (*ibid.*). La differenza più significativa tra l'uso dei grecismi in Plauto e in Terenzio è comunque la preferenza di questo per quelli che erano moneta corrente al tempo suo (p. 262). Un risultato interessante è che la ristretta schiera di grecismi introdotti da Terenzio, o per lo meno da lui per la prima volta trasmessi (*asymbolus*, *citharistria*, *eunuchus*, *psaltria*, *pytisso*, *riscus*, *satrapes*, *scaenicus*), si configurano come termini speciali, tecnici, per cui non era disponibile un termine latino equivalente e che Terenzio ha quindi ripresi senza tradurli (p. 262s.). In sintesi "Terenz gibt dichterisch ausgeformt nichts anderes wieder als die

Sprachverhältnisse seiner Zeit, die charakterisiert waren durch eine Menge kursierender Alltagswörter griechischer Provenienz, doch voll latinisierten Gebrauchs in der Sprech- und Alltagssprache Roms, sowie andererseits einer gewissen Zahl von Fachgraezismen in Diktion und Kommunikation der beruflich wie sozial höherstehenden Schichten, wovon ein Gutteil auf Grund sprachlichen Ausdrucksbedarfs eines Tages auch in der Gesamtsprache verallgemeinert werden konnte und wurde" (p. 264). M. si trova d'accordo con Kaimio (*op.cit.*, 301s.) sul fatto che le eventuali tendenze puristiche ascritte a Terenzio nell'ambito del circolo scipionico non sono d'ostacolo o di limitazione all'impiego di grecismi, come mostra già il loro numero crescente nelle ultime commedie di Terenzio; la *Latinitas* era del resto avversa ad elementi estranei solo in quanto questi ne potessero pregiudicare l'eleganza, non in assoluto (*ibid.*). In tutto questo è l'uso dei grecismi in Plauto a costituire l'eccezione e a richiedere una spiegazione, dove Terenzio rispecchia invece da vicino la realtà dei parlanti suoi contemporanei (p. 265).

Un altro capitolo è dedicato al lessico espressivo-affettivo ('Schelt- und Schimpfwörter', 'Nähesprachliche Anreden'): utile, ma privo di particolari novità. Chiude la trattazione, prima di una concentrata 'Schlußbetrachtung' (p. 296s.), un capitolo su un termine dalla semantica meno specifica (*res*), il cui svuotamento semantico gli consente il massimo dell'utilità comunicativa.

Il lavoro di M. è corredato da un ottimo 'Sachregister', da un indice dei passi trattati troppo selettivo, e da una bibliografia la cui caratteristica è quella di essere costituita prevalentemente da opere di grammatica e linguistica. In tutta la dissertazione si ravvisa uno scarso riferimento a commenti e interpretazioni di singoli passi. Questi del resto sono incastonati in una griglia teorica che ne sembra esaurire le possibilità interpretative. È un limite al quale una dettagliata descrizione della scena – con un'abbondanza che solo talvolta sfiora la prolissità – da sola non può supplire. Da una certa prolissità non sono del tutto estranee neanche le analisi strettamente linguistiche.

La dissertazione di M., certo meritevole, lascia forse irrisolto un problema di ordine generale: se è vero che condizione necessaria della lingua colloquiale è la situazione dialogica, è sufficiente inserire i fenomeni e le strategie da cui questa è governata (un materiale di per sé in gran parte già noto) nelle categorie della linguistica pragmatica per avere un quadro della lingua parlata del tempo? La soluzione, pure di ordine generale, che credo si possa dare sta nella sostanziale differenza tra il piano comunicativo in cui si muove l'analisi pragmatica e quello stilistico in cui si muoverebbe una diversa, forse più filologica, lettura dei testi. Mi pare che a far emergere questa differenza bastino un paio di esempi, che prendo da M.: un 'Fortsetzungssignal' (p. 36s.) può avere questo tenore: *ausculta paucis nisi molestumst, Demea* (Ad. 806), o questo: *sed porro ausculta quod superest fallaciae* (Heaut. 771); un'interiezione di preghiera (p. 100) può avere questo tenore: *obsecro | abeamus intro, Thais* (Eun. 905s.), o questo: *obsecro, populares, ferte misero atque innocenti auxilium* (Ad. 155). Mi chiedo se qui la discriminante stilistica *Umgangssprache/Dichtersprache* non sia prevalente nell'intenzione del comico così come nella ricezione del pubblico rispetto all'aspetto puramente comunicativo: al primo *ausculta* con l'espressione ellittica *paucis* e con la formula di cortesia *nisi molestumst* inerisce un tono colloquiale del tutto diverso da quello dell'*ausculta* che introduce un'espressione forbita come *quod superest fallaciae*: scarti stilistici non irrilevanti come quelli nell'uso dell'interiezione *obsecro* della seconda coppia, dove il tono patetico della richiesta d'aiuto *obsecro, populares, ferte misero atque innocenti auxilium* che Sannione grida a inizio di scena non è assimilabile all'andante 'te ne scongiuro, entriamo Taide'. Mi chiedo dunque che senso abbia impostare una ricerca di elementi dialogici che – come dichiara M. nell'introduzione –, pur ricavati da una resa poetica dello scambio linguistico, dovrebbero riflettere specificamente i colloqui quotidiani informali, se non si riconosce che proprio quegli elementi sono a volte *parte integrante* di un contesto poetico, a volte invece utilizzati come colloquialismi. *ausculta* e *obsecro*, nel loro aspetto comunicativo di 'segnale di prosecuzione del discorso' l'uno o di 'interiezione di preghiera' l'altra, di per sé non dicono nulla della lingua parlata a Roma nel II sec. a.C., come non dicono nulla della *Dramensprache* arcaica. Per conferire loro un valore al fine di individuare veri 'elementi dei colloqui informali d'ogni giorno' non si può prescindere dall'inserirli in segmenti che richiamino esplicitamente all'uso colloquiale, come risulta dai contesti stilistici in cui vengono usati *ausculta paucis* o *obsecro, abeamus intro*.

GPSR Compliance

The European Union's (EU) General Product Safety Regulation (GPSR) is a set of rules that requires consumer products to be safe and our obligations to ensure this.

If you have any concerns about our products, you can contact us on ProductSafety@springernature.com

In case Publisher is established outside the EU, the EU authorized representative is:

Springer Nature Customer Service Center GmbH
Europaplatz 3
69115 Heidelberg, Germany

Batch number: 10578188

Printed by Printforce, the Netherlands